Oscar

CW01668682

di Luciano De Crescenzo

nella collezione Oscar

Il caffè sospeso
Così parlò Bellavista
Croce e delizia
La distrazione
Le donne sono diverse
Il dubbio
Elena, Elena, amore mio
Fosse 'a Madonna!
Garibaldi era comunista
Gesù è nato a Napoli
I grandi miti greci
Nessuno
Oi dialogoi
Ordine e Disordine
Panta rei
I pensieri di Bellavista
Il pressappoco
Raffaele
Sembra ieri
Socrate
Socrate e compagnia bella
Storia della filosofia
Storia della filosofia greca. I presocratici
Storia della filosofia greca. Da Socrate in poi
Storia della filosofia medioevale
Storia della filosofia moderna. Da Niccolò Cusano a Galileo Galilei
Storia della filosofia moderna. Da Cartesio a Kant
Tale e quale
Il tempo e la felicità
Ti porterà fortuna
Tutti santi me compreso
Ulisse era un fico
I viaggi di Ulisse
(Elena, Elena, amore mio - Nessuno - Ulisse era un fico)
Vita di Luciano De Crescenzo scritta da lui medesimo
Zio Cardellino

nella collezione Illustrati

La Napoli di Bellavista

nella collezione I libri di Luciano De Crescenzo

Allontanarsi dalla linea gialla

LUCIANO DE CRESCENZO

TI PORTERÀ FORTUNA

Guida insolita di Napoli

OSCAR MONDADORI

© 2014 Arnoldo Mondadori Editore S.p.A., Milano
Published by arrangement with Delia Agenzia Letteraria
© 2015 Mondadori Libri S.p.A., Milano

I edizione I libri di Luciano De Crescenzo settembre 2014
I edizione Oscar bestsellers ottobre 2015

ISBN 978-88-04-65652-4

Questo volume è stato stampato
presso ELCOGRAF S.p.A.
Stabilimento - Cles (TN)
Stampato in Italia. Printed in Italy

www.librimondadori.it

Indice

Ti porterà fortuna

Prologo

Sono nella mia casa di Roma in cerca di un'idea per il nuovo libro. Sapete come vanno queste cose: il blocco dello scrittore, la crisi di ispirazione. Ecco, io questi problemi non li ho mai avuti, grazie a Dio. Purtroppo, almeno finora, non mi è venuto niente in mente: soffro, infatti, di quello che io chiamo *sfantastantum*, che non ha niente a che vedere con i fantasmi, ma che è soltanto un'assenza improvvisa di fantasia. Non a caso, mi stavo proprio meravigliando del perché oggi non avessi ancora cominciato a scrivere. Ebbene, mi sono chiesto: di chi può essere la colpa di tutto ciò? Sarà l'età? Il problema non è tanto quello di scrivere un saggio, vorrei cimentarmi in qualcosa di ancora più insolito per me, come un romanzo giallo, nel quale io stesso sono il protagonista e l'assassino.

Quindi, sono qui che mi arrabatto nel tentativo di buttare giù un testo significativo, e quando dico significativo, lo dico proprio nella speranza che significhi qualcosa.

Insomma, scrivo mezza pagina, poi cambio idea, senza neanche la soddisfazione di tenere un cestino a fianco pieno di fogli appallottolati, l'immagine classica da scrittore tormentato che però adesso non esiste più. Con i computer, non è possibile: quella che si riempie, al massimo, è l'icona di un cestino elettronico che dopo qualche giorno viene ripulito da una cameriera virtuale. Sarà pure ecologico, ma non c'è neanche più lo sfizio di vedere com'è questa cameriera. E non fumo neppure, dunque sto là con la mia scrivania vuota, sgombra di carte e *ceneriera*, anzi posacenere, sennò nel resto d'Italia non capiscono.

Basta, vado a fare una passeggiata, quella almeno non te la possono sostituire con camminate virtuali. Ma non è proprio giornata, fa freddo, piove e c'è un vento da pazzi. Entro nel mio bar per il solito caffè, dopodiché decido di rintanarmi di nuovo a casa. Come sempre controllo prima la posta, hai visto mai che mi fosse arrivato qualcosa. Ormai la cassetta delle lettere è un vestigio a eterna memoria. La corrispondenza online ha soppiantato pure il fascino dello scambio epistolare. Più prosaicamente, vedo se ci sono bollette da pagare.

E invece, trovo una sorpresa. Una lettera. Ho il forte sospetto che sia indirizzata a me, dato che recita: "Ingegner Luciano De Crescenzo". Deve essere un amico di vecchia data, anche se un amico non avrebbe usato un tono così formale. Dalla calligrafia sembra una donna.

Come riesco a distinguere la calligrafia delle donne?

Ebbene, è facile, quella delle donne è più precisa e più curata.

Quando andavo a scuola, ricordo che noi maschietti, nell'ora di avviamento alla scrittura, eravamo perlopiù concentrati nello scambio di figurine con le carte geografiche. Questo è il motivo per cui le femmine sono sempre state più diligenti, più attente nella scrittura, ma più scarse in geografia.

Apro la busta. Un'emozione che non provavo da molto, infatti, me la gusto con calma: seguo il bordo che si separa dalla carta, sento la colla che cede sotto la mia mano. Un tempo, dopo i primi libri pubblicati, ricevevo tantissime lettere dalle ammiratrici, alcune anche profumate. Arrivavano a centinaia. Non dico che non accada anche adesso: semplicemente non lo so, io la cosiddetta posta elettronica non la apro mai.

C'è una nuova sorpresa: la lettera è scritta a penna. Una facciata. Mi siedo in poltrona vicino alla finestra e leggo il contenuto.

Gentile Ingegnere Luciano De Crescenzo,
mi chiamo Carla, ho ventidue anni e le scrivo da Bologna. Se non fosse un termine troppo abusato, direi di essere una sua ammiratrice. E appassionata, aggiungo. Ho letto e riletto praticamente ogni suo volume, ho guardato i suoi film e le registrazioni delle sue lezioni televisive. Trovo che la sua capacità di far appassionare le persone alla cultura resti insuperabile.
Mi sono permessa di disturbarla per un motivo: sto per laurearmi alla triennale di Filosofia e sono in cerca di un argomento originale da discutere nella seduta di laurea. Un giorno, mentre leggevo per l'ennesima volta la sua Storia della filosofia greca *mi sono chiesta: perché non sviluppare una tesi sul mio scrittore preferito? In fin dei conti mi laureo in Filosofia.*
Ho già un po' di idee e la bibliografia completa, però vorrei chiederle se è possibile incontrarla per corredare un capitolo con un'intervista a lei, per conoscere dal vivo il suo pensiero. Per me sarebbe un grande onore. Capisco che lei ha molti impegni, ma se troverà un momento da dedicarmi gliene sarò grata per sempre.
In caso di risposta affermativa decida quando e dove. Al perché ho pensato io.
Saluti più affettuosi che cordiali,

Carla

Fino a un po' di anni fa, la prima cosa che mi sarebbe venuta in mente era andare a Bologna e fidanzarmi con la suddetta Carla. Ora non lo farei, e quindi mi accontenterò della lettera. La prima cosa che noto è che ha scritto "impegni". Sì, gli impegni. Fortunatamente ho organizzato la mia vita in modo da disporre del tempo come meglio credo. Però è divertente l'idea che le persone hanno degli artisti, una giostra continua di appuntamenti mondani. E non basta, trovo che questa ragazza sia simpatica, l'ho notato da alcuni tratti dello scritto. In primo luogo, la voglia di sottolineare che il termine "ammiratrice" è piuttosto inflazionato. D'altra parte, non avrebbe potuto mettere fan, ipotizzando una mia idiosincrasia per le lingue straniere. Poi, è una lettera essenziale, diretta. Arriva senza perdersi in citazioni e giri di parole. Non cerca di compiacermi, e io, non a caso, adoro l'immediatezza. Infine, ho molto apprezzato la chiusura. Scrivendo "al perché ho pensato io", denota la voglia di griffare il testo con un tratto di humour.

Ebbene, non capita tutti i giorni di finire in una tesi di laurea quando si è ancora vivi. Oltretutto, la signorina mi ha dato un suo numero di telefono, e io la chiamo subito. Dopo qualche squillo risponde.

«Pronto?»

«Salve, sono De Crescenzo.»

Alcuni secondi di silenzio.

«Dài, Simone, ma perché continui a fare il cretino?»

«Forse merito il secondo appellativo, ma non il primo. Non sono Simone.»

«Ma allora non è uno scherzo! Lei è... davvero... l'ingegner De Crescenzo?»

«Sì, in persona. Non mi riconosci?»

«Oddio, sì, la voce è la sua, quella dei film. Mi scusi, ma quando le ho scritto non avrei mai pensato di ricevere una risposta. Allora grazie, grazie davvero.»

«Figurati. Se ho ben capito, ti chiami Carla. Stavi studiando?»

«No, sì, insomma, scusi, ma sono un poco emozionata.»

«Mai quanto lo sono io.»

«Quindi ha ricevuto la mia lettera.»

«Sì, e ti ringrazio per la proposta.»

«Ma allora crede che si possa fare?»

«Certo che si può fare. Ma dimmi, hai già in mente come procedere col tuo lavoro?»

«Il titolo della tesi è: *La funzione sociale della letteratura divulgativa*. Detto in altre parole, come nasce l'opera di Luciano De Crescenzo.»

«Una tesi intera su di me? Tu mi lusinghi.»

«Ingegnere, è lei che mi ha aperto le porte della filosofia. Io a questa tesi penso fin dal mio primo esame universitario.»

«Allora devi venirmi a trovare.»

«Magnifico, mi sa già dire quando incontrarci?»

«Quando vuoi, ti aspetto.»

«Allora... non so, facciamo sabato?»

«Perfetto. L'indirizzo lo conosci già.»

«Mi organizzo, dormirò da qualche amico a Roma e il mattino dopo la raggiungo. Che bello, la ringrazio di nuovo e la abbraccio.»

«A presto» dico. E chiudiamo.

Credo che sarà una giornata divertente. Inoltre, voglio capire com'è fatta una mia fan. Ma sì, tanto nessuno mi sente: una mia giovane fan, oggi, nel 2014! Sui ragazzi me ne dicono di tutti i colori: che sono poco attenti alla lettura, tutti presi dai loro aggeggi tecnologici, che hanno elevato l'incomunicabilità a livelli mai sperimentati dalle generazioni precedenti. Sarà, ma io non mi fido. Non credo nei luoghi comuni, sono di natura portato a sperare nell'evoluzione dell'uomo. La ragazza che mi ha scritto, Carla, mi sembra educata, colta e allegra. A proposito, ora mi viene in mente una cosa importante, l'intervista. Sì, è un fatto importante. Decido di richiamarla.

«Pronto, ingegnere, mi dica tutto.»

«Senti, Carla, ci ho ripensato.»

«Non vuole più fare l'intervista? D'accordo, la capisco.»

«No, non è questo...»

«Non si preoccupi» mi interrompe, «me lo può dire. Ero preparata anche a un rifiuto. Sa, ho studiato un po' di cultura giapponese.»

«E mo' che c'entra il Giappone?»

«In Giappone non esiste il rifiuto a una proposta. Prima si accetta e poi si usano delle circonlocuzioni con le quali si fa capire all'interlocutore che non si può aderire all'invito. Tipo: "Vuoi venire a una festa?" e l'altro: "Sì, certo, voglio venire. Ma oggi ho un impegno". Il nostro dialogo è più o meno questo.»

«L'unica cosa che so del Giappone è che, chissà perché, leggono molto i miei libri. Volevo solo dirti una cosa, mi ascolti? Dunque, io l'intervista la voglio fare.»

«Però...?»

«Nessun però. Va bene se dico inoltre? Inoltre, se vuoi conoscere davvero un po' del mio pensiero, supposto che ne abbia uno, abbiamo una sola scelta.»

«E qual è?»

«Andare insieme a Napoli.»

«A Napoli?»

«Solo nella mia città posso mostrarti come mi sono formato. Potrai osservare il mondo che ha orientato la mia esistenza, il mondo che ha fatto di me un napoletano in ogni istante della mia vita. Che ne dici?»

«Dico che è un'idea magnifica. Io e Luciano De Crescenzo in giro per Napoli, è fantastico! Devo dirlo subito a Simone. E poi è da tempo che volevo visitarla. Secondo me è una città meravigliosa.»

Mi rendono felice la telefonata di Carla e il suo entusiasmo. Ma a me resta il problema del blocco dello scrittore. Intanto, questa storia dei giapponesi me la sono segnata.

La passione

L'appuntamento è direttamente in stazione, di mattina presto. Saremo a Napoli tra non molto, tanto, con la velocità che oggi hanno i treni, non fai nemmeno in tempo a salire che già sei costretto a scendere. Arrivo al binario e mi metto ad aspettarla. Non abbiamo preso accordi su segni di riconoscimento. Così, mi diverto a immaginarla. Ebbene, chissà perché, penso che sia bionda, coi capelli corti e con gli occhiali. Forse un tipo un po' sgobbone. Comunque, non ho ipotizzato una sua eventuale avvenenza, in fondo ha l'età per essere mia nipote. Già me la vedo invece con un aggeggio per registrare la nostra conversazione. E spero tanto che quell'aggeggio non mi metta a disagio.

«Ingegnere!» esclama.

Mi sbagliavo sul taglio dei capelli e sugli occhiali. Altezza media, capelli lunghi castani, raccolti in una coda di cavallo, viso carino. Ha un neo sulla guancia destra, talmente evidente che ne avrà fatto il suo stendardo. Le dona. Jeans, scarpe da tennis, una giacca sportiva. Apparentemente non ci sono strumenti di registrazione tra le sue mani.

«Eccomi» dico con il miglior sorriso di cui dispongo.

«Una giornata bella per una gita, vero?» fa lei, stringendomi la mano.

«Perfetta, Carla. Allora mi hai riconosciuto subito.»

Ride. Ma io non l'ho detto per farmi ripetere quanto sono famoso. Sono incerto, riguardo la mia fama presso i giovani.

"Attenzione, allontanarsi dalla linea gialla. Attenzione, allontanarsi dalla linea gialla" ripete l'altoparlante.

«Mi chiedo spesso come avvengono queste registrazioni» dico. «La signorina, quella che presta la voce, come fa ad assumere un tono tanto distante? Cioè, tanto da apparire un robot? Eppure sarà una donna normale, che la mattina si sveglia, prepara la colazione per sé e per la famiglia. Si veste, scende di casa, entra in uno studio di registrazione dove le danno una cuffia, un microfono e le chiedono di azzerare le sue passioni, tanto da far uscire una voce asettica, per nulla umana. Non è curioso?»

Carla mi guarda sotto una luce diversa. Forse pensa che io stia facendo un'uscita a effetto. Il guaio è che io penso proprio così. Sono tormentato da tante riflessioni di questo tipo. E, tutto sommato, non mi dispiace. Ora, chi può dire come venga visto uno scrittore che da qualche tempo ha superato gli ottant'anni da una studentessa che ne ha compiuti ventidue?

«Quesito interessante. Smettiamo di credere che si tratti solo di una registrazione?»

«Certo, dobbiamo immaginare che non lo sia, che dietro quell'avviso ci sia una donna vera, con un cuore.»

«E allora» si chiede Carla, «vediamo la signorina della linea gialla che aspetto ha.»

«Esatto. Immaginiamo anche quella che dà la voce al casello automatico, o le signorine delle segreterie telefoniche. Potrebbero essere ovunque, e sicuramente potrebbero anche loro prendere i treni o l'autostrada e cercare informazioni. Forse ormai ne hanno la nausea: appena si ascoltano gli viene in mente lo sforzo che hanno compiuto per arrivare a questa completa scomparsa di sentimenti. La routine e la monotonia mi hanno sempre spaventato; io continuo a pensare che la lunghezza effettiva della vita è data dal numero di giorni diversi che un individuo riesce a vivere, i giorni uguali invece non contano.»

In treno, ci accomodiamo l'uno di fronte all'altra, vicino al finestrino.

"Attenzione" si sente per l'ennesima volta, "allontanarsi dalla linea gialla."

«Ogni uomo ha le sue linee gialle. Io personalmente ne ho avute più d'una che ho deciso di oltrepassare. Sono state i confini tra il mio ordine e il mio disordine, per esempio tra le mie certezze di ingegnere e le mie speranze di scrittore. Adesso non voglio annoiarti certo col racconto della mia vita. Piuttosto, che si dice a Bologna?»

«È una città divertente, perfetta per gli universitari. Ma in realtà io ci studio solo, vengo dalle Marche, da un piccolo paesino che si chiama Sant'Ippolito. Un meraviglioso, noiosissimo borghetto circondato da mura di cinta. Sembra cristallizzato in un'altra epoca.»

«Vedrai che a Napoli troveremo di tutto tranne la noia. Ci sei mai stata?»

«Praticamente no, a parte una volta in gita scolastica, ma di passaggio verso Pompei. Leggo, però, che è una città stupenda e pericolosa, ma non ho paura. Anzi, sono curiosissima.»

«Pericolosa, sì. Soprattutto verso se stessa. Però, basta avere un atteggiamento giusto e Napoli comincia a comportarsi bene.»

«Mio padre ci ha fatto alcuni mesi di militare. Ieri l'ho sentito prima di partire. Ricordava soprattutto le donne, dice che sono bellissime, è vero?»

«Chi può dirlo.» Guardo il paesaggio che fugge via. «Credo che in tutte le grandi città ci siano donne belle. Quando arrivi a Milano, già in stazione ti sembra di essere finito sul set di un film, o su una passerella di moda. Forse a Napoli trovi un'altra caratteristica: gente di ogni tipo tutta insieme. È una città che vive senza troppe distinzioni di classe. Anche se era un discorso valido qualche tempo fa, ora sta cambiando.»

«Ho pensato che fosse la passione a conferire fascino alle donne di Napoli.»

«Ti riferisci all'immagine della bruna occhi di fuoco, labbra carnose e voce bassa, che da un lato sussurra amore e dall'altro minaccia stermini se viene tradita, la stessa fatalona che fa ribollire il sangue degli uomini quando passa e ispira canzoni e poesie? Allora sì, donne così a Napoli ne trovi. Però, ripeto, non più che in altre città italiane. Nella mia terra, invece, le donne sono molto più razionali degli uomini, e anche piuttosto inclini a filosofare. Intanto, a portare avanti la casa ci pensano loro: sono macchine perfette, programmate per il lavoro, la casa, i bambini.»

«Quindi, che Napoli sia una città di passione è solo un luogo comune?»

«Sì e no. Vedi, nelle persone, così come nei luoghi, c'è spazio per la ragione e per la passione, in pratica ciò che Federico Nietzsche chiamerebbe rispettivamente apollineo e dionisiaco. Finora la questione si è posta in termini di polarizzazione proporzionale, se mi passi il termine un po' impegnativo. Mi viene in mente il film *Passione* di John Turturro. Lo amo molto, soprattutto perché il regista, anche se è americano, riesce a interpretare il profilo passionale di noi napoletani. A proposito, stai registrando la nostra chiacchierata?» chiedo con apprensione.

«No, non lo farei mai senza il suo consenso.»

«Che sollievo! Allora, dicevo, finora si è pensato che dove prevale l'apollineo soccombe il dionisiaco e viceversa. Quindi, in una città come Napoli, che apparentemente è devota a Dioniso, ovvero alla passione, non ci dovrebbe essere posto per il povero Apollo, ovvero la ragione. Invece, da qualche tempo sospetto non sia così, altrimenti la città si sarebbe già distrutta da un pezzo. Intendo dire che in ogni sistema, la quota di caos deve essere sorvegliata continuamente da un'identica misura di ordine. Più che compensarsi si inseguono, a corrente alternata. Voglio rubare un'immagine a un autore francese, Dominique Fernandez, che ha scritto un libro su Caravaggio dal titolo *La corsa all'abisso*, e ha ambientato gran parte della sua storia a Napoli. A proposito, sapevi che a Napoli c'è un magnifico dipinto di Caravaggio?»

«Confesso di no.»
«Vabbè, nel tuo caso non è grave, il guaio è che lo ignorano anche molti napoletani. Si chiama *Sette opere di misericordia* ed è custodito nel Pio Monte della Misericordia. Comunque, torno a Fernandez. Lui dice che a Napoli è stato inventato un ballo come la tarantella, sfrenato, ma anche utile.»
«Utile? In che senso?»
«Carla, devi sapere che Napoli è una città vulcanica, e quindi abituarsi a ballare stando su un piede solo consente di allenarsi a tenere l'equilibrio in caso di scosse sismiche.»
«Mi sembra una lettura carina.»
«Ecco, simbolicamente Fernandez ha fatto centro. Credo che la maggior parte delle tipicità attribuite a noi napoletani sia il riflesso di una grandissima saggezza, che è usata come difesa in un luogo molto particolare. Noterai il modo di camminare del napoletano, in lui prevale un atteggiamento guardingo, ha gli occhi anche dietro la nuca perché, al di là di ciò che ci raccontiamo per consolarci, una sorpresa può sempre essere in agguato. Sono sicuro che alla fine troverai Napoli più razionale di quanto tu creda.»
«Se pure Caravaggio l'ha scelta un motivo ci sarà.»
«Bene, vedo che mi segui. Ecco, si può dire che la sua pittura sia un inno alla passione. Invece, per me è soprattutto una prova di grande potenza, illuminata da una richiesta disperata di un ordine superiore. In effetti, Napoli e Caravaggio si somigliano parecchio.»
«Che vergogna non sapere che ci fosse un suo quadro!»
«Ma che dici? Si deve essere fieri di non sapere, specie da giovani, in modo da essere più felici della scoperta. Quando chiedo a un ragazzo se ha letto *La cognizione del dolore*, per esempio, alla sua risposta che è quasi sempre negativa, posso solo replicare: "Beato te". E sì, perché avrà la gioia di leggere Gadda per la prima volta. Quanto darei per non aver letto molti dei romanzi che ho amato!»
«Questa me la segno.»
Siamo quasi arrivati. Direi che la giornata è iniziata bene. Mi accorgo di comunicare con una giovanissima senza trop-

pi problemi. L'unica cosa è stabilire un percorso di massima. Voglio stupirla di nuovo, mostrarle com'è fatto un napoletano che fa un programma.

«Vorrei dirti come muoverci. Se non ti spaventa camminare, ti porterei in giro in alcune zone della città, in maniera da fartene vedere i suoi diversi aspetti e le contraddizioni.»

«Non vedo l'ora di andarci, anche per sgranchirmi le gambe.»

«Allora, ti garantisco che ogni luogo di Napoli custodisce un tesoro di spunti, volti, curiosità. Non tutti sono piacevoli, ma sono comunque quelli che mi hanno ispirato. Ho già un percorso nella testa, altro ci verrà in mente per strada. Perché ci muoveremo anche secondo le tue curiosità, chiedimi quello che credi e cercherò di accontentarti.»

«Grazie, ingegnere.»

Ci accostiamo al profilo inconfondibile del monte Somma e del Vesuvio, il suo vicino più famoso. Pochi minuti e saremo in città.

«Se per te va bene, prenderemo un taxi, passeremo davanti alla Federico II, l'università in cui ho studiato e dove ho conosciuto il mio mentore Renato Caccioppoli, e andremo poi a Capodimonte. Inizieremo da lì il nostro cammino. Vorrei partire da una veduta di insieme, dall'alto, così da mostrarti l'anfiteatro più bello del mondo. Quello che la gente si limita a chiamare Napoli, ma che invece è molto di più. Secondo alcuni, con il trascorrere del tempo il bello tende a diventare meno bello. Credo che Napoli sia una delle poche città al mondo che rappresenti l'eccezione a questa regola. Sarà che non ci vivo più da molti anni, ma ogni volta che ci torno non posso fare a meno di pensare che sia diventata ancora più bella dell'ultima volta in cui l'ho lasciata.»

«Ingegnere, questa è la più bella dichiarazione d'amore che abbia mai sentito fare a una città. È come se lei la considerasse un Paradiso.»

«In realtà, preferisco la definizione di alcuni studiosi, come Domenica Borriello, che considerano Napoli una "città Purgatorio". Inoltre, Stefano De Matteis, nel libro scritto a quattro mani con Marino Niola, *Antropologia delle anime in pena,* ci regala una descrizione di Napoli secondo me bellissima: "Gli inferi acquistano una precisa collocazione geografica – miticamente convalidata – che va a situarsi proprio tra la discesa dell'Averno e le eruzioni del Vesuvio. La città viene così a trovarsi immediatamente 'sopra' l'Inferno, in una zona di 'passaggio' da cui volare verso i cieli del Paradiso". Napoli viene dipinta come una "terra di mezzo" da attraversare se si vuole raggiungere l'estasi. Perché, a dir la verità, al di là di ogni considerazione erudita, quello che va in scena ogni giorno in questo posto, tragico o comico che sia, è proprio uno spettacolo.»

RENATO CACCIOPPOLI

Quando sento il bisogno di vantarmi dico sempre: "Io sono stato allievo di Renato Caccioppoli".

È il 1948. La guerra è finita da poco, le idee hanno ripreso a circolare liberamente e le università sono tornate a essere luoghi frequentati con entusiasmo. Specie se alla cattedra c'è il docente di Analisi e Calcolo Renato Caccioppoli. L'aula di via Mezzocannone è affollata fino all'inverosimile, per trovare un posto a sedere sono arrivato con un'ora di anticipo sull'inizio della lezione. Ad ascoltarlo, vengono ormai persone di ogni tipo: studenti che devono fare l'esame, studenti che hanno già fatto l'esame, studenti che non c'entrano nulla con Analisi Matematica, studenti di Filosofia, Lettere, Medicina, più tanti curiosi e tanti uomini di cultura. Siamo tutti suoi discepoli.

Arriva Caccioppoli. Come sempre, con uno stile raffinato, ma tutto suo: abito scuro da sera un po' sgualcito, sporco di gesso e con gardenia all'occhiello. È sicuramente l'abito che indossava ieri sera. Non avrà dormito, ma conversato di amore e politica, di arte e scienza, bevuto, suonato il pianoforte e riso. Di notte non ama stare a casa: piuttosto va in giro per vicoli e taverne. Un cognac in vico Sergente Maggiore, una grappa a via Nardones, un ultimo sorso a piazza Trieste e Trento, e quando non c'è più nessuno con cui discutere, una passeggiata per via Chiaia fino a casa. Abita a Palazzo Cellamare, il più bello della città, a due passi dal mare. E ora eccolo, fresco come una rosa, che entra tra un uragano di applausi. Saluta con un ampio e teatrale gesto della mano (una mano da pianista, chiaramente), i capelli gli coprono metà della fronte. Che sia un genio, si capisce da come si muove: viso serio, da scienziato, ma gli ridono gli occhi.

Raccontano che un giorno fu invitato da un comitato di partigiani a parlare di pace e di guerra in un teatro a Bari. Si accorse che sul palco c'era un pianoforte e cominciò a suonarlo. Non si interruppe nemmeno quando il pubblico si fece numeroso, fino ormai a gremire la platea. Doveva tenere un discorso, invece si esibì in un concerto. Quando ebbe finito, aggiunse soltanto: "Non avevo niente di meglio che la musica per dire che la guerra è una cosa stupida".

Il pubblico era in lacrime e incominciò ad applaudirlo, i funzionari di partito che avevano organizzato la serata la presero con meno entusiasmo.

Caccioppoli è nato a Napoli nel 1904. Suo nonno è Michail Bakunin, l'anarchico russo che credeva di far partire la sua rivoluzione mondiale dalle campagne del Sud Italia, senza rendersi conto che sono sempre state sanfediste e monarchiche. Che io sappia, Renato a ventisei anni era già titolare di Analisi algebrica e infinitesimale a Padova. Dopo tre anni ebbe la cattedra a Napoli. Ma era soprattutto uno spirito libero, un eccezionale pianista, un poeta, un uomo generoso e un genio universale della matematica.

La sera in cui Hitler arriva a Napoli, si dice che Caccioppoli stesse cenando in una trattoria di Materdei. A un certo punto sale su una sedia e spiega ai presenti tutto ciò che pensa di Hitler e Mussolini. Dopodiché, insieme alla sua ragazza e a due chitarristi si mette a girare Napoli cantando *La Marsigliese* a squarciagola. Il giorno dopo i gendarmi lo vengono a prendere all'alba e solo per intervento della zia, la professoressa di chimica Maria Bakunin, non viene mandato al confino. Se la cava con una reclusione nell'ospedale psichiatrico Leonardo Bianchi. Fu amico di Eduardo, di Gide e di molti intellettuali napoletani. Quello che si dice un comunista *sui generis*: non volle mai iscriversi al partito. Era un affascinante conversatore, a suo modo una specie di chierico errante, metteva in scena comizi indimenticabili, specie a danno della borghesia, scagliandosi contro il farisaismo dei suoi membri, contro la protervia del clero, la ferocia di Stalin. Un ribelle puro.

Ora, quando feci l'esame con lui non me la cavai benissimo: ricevendo quello che lui definì un 21 "di scoraggiamento". Disse: "Meriterebbe di più, ma spero che questo voto le sia comunque utile: caro ragazzo, lei ha una buona fantasia, forse è tagliato per la poesia".

Una notte, verso l'una, lo trovai seduto sui gradini di una chiesa. Pensai allora che stesse male e gli chiesi se avesse bisogno di aiuto. Mi invitò a sedere accanto a lui e mi parlò del potere terapeutico della misura. "Quando hai paura di qualcosa" mi disse "cerca di prenderne le misure: ti accorgerai che si tratta sempre di una cosa molto piccola." Forse era ubriaco, e non per le parole, che trovai e che trovo eccezionali. Ma solo perché mi dette del tu.

Lo scienziato viveva di pari passo con l'eroe romantico. La donna che amava lo abbandonò improvvisamente. Caccioppoli si suicidò il giorno stesso nel suo appartamentino. Il giorno prima, parlando ad alcuni suoi studenti, aveva detto: "Tutti i fallimenti possono essere perdonati, tranne il suicidio: quando uno ha deciso di andarsene per sempre non può sbagliare". E lui non sbagliò. Steso, con la nuca sul cuscino, si sparò un colpo alla tempia.

Un giorno voleva spiegarmi meglio la media delle medie aritmetiche. E allora mi disse: "Le gioie della vita arrivano quasi sempre quando siamo giovani. I dolori, invece, vengono quando siamo vecchi. Ciò detto, se vuoi migliorare la qualità media della tua vita, ammazzati oggi stesso".

E difatti lui si suicidò a cinquantacinque anni. Quando lessi la notizia non ne fui affatto stupito, anzi mi meravigliai che non fosse successo prima: Caccioppoli era troppo russo, troppo ironico, troppo personaggio di Dostoevskij per aspettare con pazienza una morte naturale. L'amore, nella sua vita, deve avere avuto un peso decisivo. Racconta Lucio Villari che un giorno gli fu chiesto quale fosse, per lui, la frase più importante della storia e lui, inaspettatamente, se ne uscì con un'affermazione degna dei Baci Perugina: "Al cuor non si comanda".

La semplicità

Partiamo, allora, dalla zona di Capodimonte. Abbiamo attraversato parte dell'immenso giardino della Reggia ma ho voluto, apposta, non entrare nel palazzo.

«Meglio lasciar stare i musei. Napoli ha tanto da offrire, all'esterno. Perciò siamo usciti da Porta Piccola e stiamo procedendo in discesa, verso la Sanità. Così passiamo affianco a la Conocchia.»

«Uh, e cos'è?» chiede Carla.

«La *conuccia,* tecnicamente piccola femmina di cono, nell'uso domestico stava per l'estremità del fuso.»

«Il fuso, quello per filare?»

«Esattamente: da una parte il fuso, dall'altra la conocchia.»

«Come quello della Bella addormentata?»

«Esatto. E, come nella fiaba, è strumento di estasi e di morte. Ma il nesso tra la tessitura e la durata della vita è antichissimo. Le Moire, le divinità che, per i Greci, reggevano il destino degli individui, erano tre tessitrici. Erano la personificazione del fato ineluttabile. Il loro compito era tessere il filo dell'esistenza di ogni uomo, misurarlo e infine reciderlo, segnandone la morte.»

«Lo so, la conosco la storia delle Moire. I Romani le chiamavano Parche» fa con aria un po' offesa.

«Se vuoi salutarle le possiamo andare a trovare subito.»

«Le Parche a Napoli?»

«Sicuro, le troviamo qua sotto, nel vico Fate a Foria. In epoca romana, nei pressi di quella che oggi è la Porta di San Gennaro c'era un tempietto dedicato alle Parche. Poiché presiedevano il fato, venivano chiamate anche *Fatae*. In loro onore erano state realizzate tre statue, *Tria Fata*, in rappresentazione dei tre destini. E non basta, a pochi passi sorgeva il tempio dedicato alla dea Fortuna, che secondo Capasso era identificata con Partenope, la mitica sirena fondatrice della città. Ma adesso limitiamoci alla Conocchia.»

«Dunque noi passeremo davanti a un fuso? E chi lo tiene, questo fuso?»

«No, *picceré*, nessuno ce l'ha. La Conocchia era un mausoleo, un monumento funebre, che i Romani eressero in questa zona. Il nome lo si doveva alla forma, appunto conica.»

«Perché parla al passato?»

«Eh sì, perché la Conocchia non esiste più. Io me la ricordo a stento: negli anni Cinquanta fu buttata giù forse da qualcuno che non ne comprese la bellezza.»

«Era così bella? Dalla descrizione non doveva essere tutta 'sta cosa.»

«Non era bella, ma aveva il suo fascino.»

Siamo arrivati all'inizio della scalinata che porta alla chiesa di San Gennaro, di fianco alle catacombe. Dietro, un traffico impazzito. Qui, di colpo, silenzio e verde, come un tunnel segreto. E, se volti lo sguardo, mare e Vesuvio.

«Intanto era il podio dei vedutisti» proseguo. «Chissà perché pittori quali Duclère, Gigante, Fergola e tanti altri la scelsero come luogo da cui dipingere il golfo. Non c'era cavalletto che non si piantasse in quel preciso punto per ritrarre la migliore angolazione del panorama.»

«Aveva delle iscrizioni, immagino.»

«No. Questo era il bello: non si sapeva a chi fosse dedicata. Ma era per i napoletani una presenza amica. Spazzata anche lei dal sacco della città. La fretta, *nenné*, fa più danni della grandine!»

«*Nenné, picceré*: cosa significano?»

«Piccola.»

«Guardi che ho quasi ventitré anni!»

«Ah, allora passerò al voi per farti sentire più "vecchia". Anzi, facciamo così, dammi del tu, così io mi sento più giovane.»

«Per me va bene tutto, mi piace sentir parlare voi napoletani, sembra che cantiate» osserva.

«Ora hai detto una cosa giusta. Queste piccole interiezioni, molto in uso tra i miei concittadini, servono a dare ritmo e musicalità alla frase.»

Parlando siamo arrivati nella zona del tondo di Capodimonte. Lo superiamo e ci tuffiamo, sulla destra, nella piazzetta di San Vincenzo.

Carla è donna curiosa e attenta, abituata ad alzare lo sguardo. La vedo perplessa, però.

«Ma dove siamo? Là sopra c'è la collina, di fronte il mare e a sinistra il centro storico. Cos'è questa, una quinta nascosta?»

«È la zona più antica di Napoli. Il vero centro storico» dico.

«Possibile che ogni volta smentisci i miei tentativi di orientamento?»

«Non sono io, cara. È questa città che è come una matrioska. Appena pensi di averla capita ti sorprende. Si apre, si scosta, ti copre.»

«Insomma qua dove ci troviamo?» chiede, quasi spazientendosi.

«Nella Sanità, il più antico nucleo abitato di Napoli. Frequentato ancora prima della zona del monte Echia, da dove partì la colonizzazione greca.»

«Questo posto sembra uscito da un quadro di Escher, anzi sembra che l'abbia progettato lui dopo essersi calato» dice.

«Ovvero dopo essersi abbassato? Perché, era troppo alto?»

Carla sbotta a ridere.

«Luciano, non sai cosa significa calarsi?»

«Eccome, no: sta per abbassarsi, chinarsi.»

«Vabbè, immagino che tu non abbia confidenza con i trip...»

«I trip sarebbero i viaggi?» dico, recuperando un inglese elementare.

«Sì, ma per... come diresti tu?, traslato, stanno a indicare le pasticche. Tipo sostanze psichedeliche.»

«E perché, Escher si drogava?»

«Vabbè, lascia stare.»

«E comunque non ci sei andata troppo lontana, bella mia. Lo sai che Escher frequentò questa zona? Hai presente il quadro *Metamorfosi II*?»

«Certo.»

«Embè, la *Metamorfosi* nasce con piccole forme esaedriche, si trasforma in farfalle, bestioline, uccelli e poi si conclude con un paesino. Quel paesino è Atrani, piccolo borgo della Costiera amalfitana. Ha un impianto folle, su tre piani. Lo colpì tanto da ispirarlo.»

«Però, che peccato che sia diventato oggetto di merchandising. Come altri, tipo Klimt, o lo stesso Van Gogh. Hai mai visto le T-shirt o borse, per non parlare delle tazze, sulle quali sono riproposte in diversi formati le opere di questi grandi maestri?» si lamenta la ragazza.

«Ma perché, in fondo che c'è di male?»

«Che c'è di male? Ma secondo te gli artisti quando dipingevano sapevano che sarebbero stati venduti come al mercato?»

«Non credere che dipingessero sempre per scopi nobili. In fondo erano i primi a vendersi. La maggior parte di loro, almeno fino all'età barocca, era al soldo di mecenati. Oppure erano costretti dalle circostanze. Mattia Preti, un pittore calabrese del Seicento, scappò a Napoli dopo un omicidio che aveva commesso a Roma. Le autorità cittadine gli diedero protezione in cambio di sette affreschi da collocare presso le porte della città: Porta San Gennaro, Nolana, Capuana, del Carmine, di Costantinopoli, Reale e di Chiaia. Questi dipinti erano degli ex voto per la fine della peste del 1656. Purtroppo oggi resta solo l'affresco di Porta San Gennaro: si riferiva ai morti allora conservati nel rione Sanità che gli spagnoli adibirono a lazzaretto e cimitero per gli appestati. La porta si trasformò così in una specie di confine tra la vita e la morte. Il restauro fu portato a termine nel 1977 e l'affresco di Preti fu recuperato.»

«Menomale.»

«Ogni tanto riusciamo a recuperare i regali del passato. A proposito di passato, ora che siamo arrivati sul fianco di Materdei passiamo a salutare Raffaele.»

«Un tuo amico?»

Rido. Prendo fiato. Alzo lo sguardo sul costone tufaceo che quasi tutto il giorno se ne sta in penombra. Penso ai mille nascondigli che avrà offerto ai tanti traffici, leciti e meno, amorosi e non, questo alveare. Ricorda una colombaia della Cappadocia, e invece siamo nel cuore di Napoli.

«Non mi hai risposto, Luciano.»

«Tu sostieni di aver letto tutti i miei libri, Carla.»

«Certo. Tutti, e non una volta sola.»

«E ti manca proprio il primo?»

«Come, il primo? Ma il primo non è *Così parlò Bellavista*?»

«*Obbì*, ti sbagli.»

«Hobbit a me! Non mettere in mezzo Tolkien!»

«Per carità. Stavo coniugando la prima persona e mezza di un verbo che esiste solo a Napoli: *Obbì, Oillico, Oillann. Ibbìloc, Ibbillann, Ibbiccann.*»

«Ti prego, l'aramaico no.»

«Questo non è aramaico, è napoletano purissimo. Sta per "eccolo, vedi-lo".»

«Non capirò mai nulla, di questa lingua.»

«Mi sa che è difficile, se non la parli dalla nascita.»

«Dicevamo: il tuo primo libro è?»

«Si chiama *Raffaele.*»

«È vero!» fa lei, con sguardo di colpo allarmato, «l'ho cercato per mare e per terra ma nulla! Fuori commercio. Di che si tratta, ti prego, dimmi qualcosa!»

«Semplice, un libro a fumetti.»

«Non finirai mai di stupirmi. Così, dopo ingegnere, scrittore, filosofo, regista, attore, autore televisivo, editorialista sei pure disegnatore?»

«Mah, proprio disegnatore no. Diciamo vignettista. Ma solo in rarissimi casi.»

«Vabbè, mi arrendo. Sei una sorpresa continua. Dimmi di che parla.»

«Mentre ero a Milano, ai tempi dell'IBM, buttai giù degli schizzi su un personaggio che mi faceva tenerezza. Raffaele, appunto. Lo pubblicai prima con una tipografia di amici, nel 1970. Poi, dopo il successo di *Bellavista,* Mondadori lo rieditò.»

Mentre spazio con i ricordi mi siedo su una panchina, a ridosso della collina. Ora ci troviamo davanti a un parcheggio nascosto nella roccia.

«In quelle vignette provo a dare un po' di giustizia, o quantomeno spazio, a un personaggio che è presente in ogni epoca, latitudine sociale e temperie culturale.»

«Ovvero?» mi chiede, incalzante.

«Ovvero il *soggetto.*»

«Un'altra volta con le tue perifrasi filosofiche. Stavolta sarà qualcosa che ha a che fare con l'Io, il Super-io, il Sé nel rapporto con l'altro Sé...»

«Sei fuori strada, Carla. Il *soggetto,* qua da noi, è altra cosa. Sarebbe il *battilocchio.*»

«Eh?»

«*Il babbasone, lo scafesso, il chiochiero.*»

«Bah, ci rinuncio.»

«*E ja, il turzo, il babbà, 'o pesce a bror,* com'è che lo chiamate voi giovani?»

«Luciano, ti rendi conto che stai parlando da solo?»

«Ok, tento la traduzione: lo... sfigato può andare?»

«Ahhh, il *nerd.*»

«Mo' sei tu che mi devi spiegare.»

«Allora, caro il mio professore, faccio come fai tu: il termine *nerd,* etimologicamente, nasce come rovescio di *drunk,* ubriaco, ossia *knurd,* che si pronuncia *nerd.* Essendo l'opposto dell'alcolizzato identifica colui che non beve mai in società. Viene adottato per indicare un individuo un po' asociale, che passa la maggior parte del proprio tempo davanti al computer, non ha una donna e ha pochissimi amici, prevalentemente *nerd* come lui. Non esce quasi mai, tanto nessuno lo invita, ed è ferrato su materie astruse di cui nessuno ha voglia di saper niente, materie, appunto, da *nerd*.»

«Perfetto, è Raffaele, uno che non ha mai voluto superare la linea gialla.»

«Racconta.»

«Raffaele è un giovanotto basso, precocemente calvo, tarchiatello. Figlio unico. Veste sciatto, ha un lavoro umile e meccanico, nessun amico. Per non parlare delle ragazze: mai, neanche l'ombra. Ha comprato un pappagallo per compagnia che, però, lo tortura con la solita domanda: "Ce l'hai la fidanzata?", come quegli zii invadenti che incontri una volta l'anno e non vedono l'ora di ficcare il naso nei tuoi affari. Persino la mamma non lo riconosce quando le telefona: "Pronto, mamma, sono Raffaele". "Raffaele chi?" Unica consolazione, una sorta di spalla su cui piangere a pagamento, Salvatore, di professione "confortore", sorta di psicologo da due soldi. Raffaele scrive alla rubrica della posta del cuore di un giornale, e l'unica volta che combina un appuntamento la tizia con cui deve vedersi scappa appena capisce quanto è basso. Raffaele passa il Natale davanti allo specchio e brinda con la propria immagine riflessa. L'unico che lo capisce è il cane, amico e filosofo. Ma, ovviamente, non può parlargli.»

«Mamma mia, che tristezza.»

«Pensa quanti ce ne sono, sulla Terra, di personaggi così. Gente estromessa dal gioco sociale: in un mondo dove se non hai un lavoro, come direste voi giovani, "figo", e tante donne, non vieni considerato, Raffaele rappresenta l'escluso, l'emarginato per antonomasia.»

«Ora piango, Luciano.»

«Ma no, dài. Ora andiamo a conoscerlo, vedrai, è simpatico. L'uomo più disponibile che c'è.»

«Ma perché, veramente esiste?»

«Certo. E lavora nella rimessa di fronte a noi. Dopo più di quarant'anni sono sicuro che sta ancora qua.»

Entriamo nel parcheggio scavato nella roccia. Mi affaccio alla guardiola e lo trovo. Ancora più minuto, se si può, e come sempre solo; sebbene i pochi capelli diano sul grigio, incorniciano un volto che non è cambiato: specie nello sguardo mite, spaesato, chino sull'eterna "Settimana enigmistica". Nella fronte ancora il rovello di chi non può capacitarsi di esser nato tanto fragile. Ormai ha superato i settanta, eppure lo distinguerei nella folla di un Angelus.

«Raffaele!» esclamo piano.

«Uh?» dice, mentre alza la testa dal foglio.

«Mi riconosci?»

A quel punto, nel suo viso succede qualcosa. Un lento, timido rilassarsi dei muscoli, come se ogni singolo tessuto chiedesse il permesso all'altro di distendersi. Dallo smarrimento preoccupato passa all'incredulità e arriva, come una chiatta in porto, al più tenue dei sorrisi.

«D-don Lucià» dice.

«Come stai, sono felice di vederti.»

«Eh, voi siete sempre stato l'unico a dire una cosa del genere. Poi ve ne siete andato a Roma... Ma prego, sedetevi, vi porto una spuma. L-la signorina è vostra...» balbetta, manieroso e insieme intimorito, come al solito, di trovarsi di fronte a un essere dai soli cromosomi X.

«Si chiama Carla. Un'amica, Raffaé» gli dico.

«E già, quello, l'ingegnere, è sempre stato in compagnia di belle ragazze» fa Raffaele, arrossendo. «Però si merita tutte le fortune che tiene» dice preparando i bicchieri. «Un vero galantuomo, signorina. L'unico amico che ho avuto.»

A quella battuta mi sento un po' in colpa per non essere mai venuto a trovarlo, in questi anni.

«E ha addirittura scritto un libro su di me! Lo tengo qua, vedete, ne comprai dieci copie.»

Carla mi stringe il braccio e si gira, quasi a chiedermi il permesso. Immaginando a cosa allude annuisco, serrando le labbra. Come a dire: vai, vai, figurati se dice no.

«Signor Raffaele, volevo chiederle un enorme piacere» dice.

«Voi a me? Dite, dite pure.»

«Ecco, sto facendo una ricerca sull'opera di Luciano e mi manca proprio il volume dedicato a lei... Posso averne uno? La inserirei nella mia tesi!»

«Io... in una tesi? Che onore. Signorina Carla, fate come a casa vostra. Prendetene più copie, se necessario.»

«Basterà una. Ed è nell'edizione originale! Varrà una fortuna. Grazie, grazie davvero» esclama, tutta felice. Poi lo abbraccia e gli schiocca un bacio sulla guancia. Inutile dire che Raffaele accusa un mancamento. Se non è il più bel giorno della sua vita, comunque si piazza sul podio. Nel prendere il volume la ragazza si affaccia sulla caverna in cui sono custodite le auto.

«Che posto strano» dice.

«Uh, forse vi intimorisce, signorina. Un po' buio e malsano, in effetti, però si sta tranquilli» dice, preoccupato.

«No, non mi dà disagio. Piuttosto mi chiedevo come è possibile che ci sia tanto spazio. Da fuori non te lo immagineresti mai.»

«L'ingegnere sicuramente vi saprà dire...» accenna Raffaele.

«Napoli è piena di buchi, trafori, cavità. Avrai sentito di certo parlare di una Napoli sotterranea. Embè, sai che ti dico: quello che ripeto da sempre. Un giorno la città se ne cadrà a mare, con tutti *'sti pertusi*. Assisteremo al varo di Napoli» aggiungo, ridacchiando ma non troppo.

«Raffaé» riprendo, «cosa hai fatto in tutti questi anni?»

«Don Lucià, sono stato sempre qua. Mai un viaggio, mai uno spostamento. Qualche volta sono stato a passeggio vicino al mare, ma non ho trovato il coraggio di tuffarmi, pur avendone un desiderio forte. Lo sapete, non avrei mai trovato la forza di mettermi in costume. Con la mia complessione antiestetica.»

Scoppiamo a ridere.

«Raffaé, tu sei l'unico guardiamacchine che parla così forbito. Neanche un professore universitario direbbe "complessione antiestetica".»

«Però, ingegné, qualche novità c'è» dice, con l'aria delle grandi occasioni.

Novità in Raffaele? E che è successo? Mentre mostro tutta la meraviglia di cui sono capace, anche forzandola, per compiacerlo, lui prende tempo: si sta godendo la curiosità che mi ha generato. Non deve capitargli troppo spesso.

«Prendendo ispirazione da voi, e dalla storia che avete avuto la compiacenza di dedicarmi, sono diventato un collega vostro» ridacchia. «Ho scritto un libro.»

«Che bella notizia, Raffaé, e di cosa parla?»

«Si chiama *Elogio del guardiano.*»

«Che idea, spiegami tutto.»

«Ma no, è una *cosarella*, l'ho pubblicato a mie spese per una piccola casa editrice di Casavatore, la Salzano BookandArt, con rispetto parlando. Una specie di pamphlet.»

«Bellissimo, signor Raffaele. Forza, racconti cosa ha scritto» chiede con grande senso di opportunità Carla. In fondo, con poco gli stiamo dando tanta gratificazione.

«Ecco, parlo di come può essere piacevole la vita in una guardiola. L'abbigliamento semplice, gli orari comodi, il tempo a disposizione. Il contatto con la gente di ogni tipo» spiega.

«L'ho sempre pensato che tu sei l'incarnazione del cinico, Raffaele.»

«Eh, come cinico? Un uomo tanto garbato» protesta Carla, mentre Raffaele a quel complimento si fa bordeaux.

«Mi meraviglio di te, signorina tutti *trentaelode*! Cinico, in greco» e qui la ragazza sbuffa e alza gli occhi al cielo, «inutile che sbofonchi, cinico, dicevo, sta letteralmente per cane. I cinici, nell'antica Grecia, erano un gruppo di filosofi che vivevano una vita essenziale, al di sotto di ogni pretesa, contentandosi di ciò che la vita gli elargiva gratuitamente.»

«Comunque, per la precisione, io mi laureo in Filosofia moderna. Altrimenti non avrei potuto chiedere una tesi su di te. E va bene che non sei un virgulto, però...» dice lei.

«Diogene» continuo, con sguardo di rimprovero bonario, «che è il cinico più famoso, viveva in una botte arredata a stento da una piccola lampada. Vabbè, riprendi, Raffaé.»

«E insomma, il guardiano può leggere e osservare, al riparo di un luogo piccolo e confortevole, in attesa che la moglie, magari *chiatta chiatta*, gli prepari una sostanziosa pasta e cavoli.»

«Moglie? Ma perché, Raffaé, ti sei sposato?» Sgrano gli occhi.

«Alla fine ce l'ho fatta persino io» dice, con un po' d'orgoglio. «Una giovane dell'Est, Natalia, viene dall'Ucraina. Quando l'ho sposata avevo cinquant'anni e lei venticinque, però ci facciamo compagnia. Ha tutta la libertà che vuole.»

Uscendo dall'antro di Raffaele non so se essere felice per lui o deluso dalla fine del mio primo personaggio. La mia amica se ne accorge.

«Che hai, Luciano? Ti vedo turbato.»

«No, è che Raffaele poteva farcela.»

«A fare cosa?»

«A salvarsi dalla malattia che abbiamo quasi tutti, nell'Occidente. La realizzazione del desiderio.»

«Ma smettila, poverino, gli fa bene avere una donna accanto.»

«Sicuro, però, in termini ermeneutici» e di nuovo lei attacca con gli occhi al cielo, «inutile che sbuffi, in termini di idealizzazione del *topos*, dicevo, Raffaele doveva considerarsi fortunato a mantenere accesi tutti gli aneliti di cui un uomo può disporre. La voglia di eros, di amicizia, di considerazione sociale. Come un vero zeticista, insomma.»

«Un feticista? Ma che dici, sei impazzito! Un tipo tanto ameno...»

«Devo parlarci proprio, con il tuo professore di Filosofia antica. Zeticista, con la Z. Il fondatore di questa corrente, Brisone di Eraclea, si proponeva di cercare sempre, a patto di non trovare mai. L'importante, diceva, è di sentirsi impegnati in modo da non avere il tempo di pensare. D'altra parte in greco il termine *zetèin* vuol dire cercare. All'alpinista piace di più scalare la montagna che non guardare il panorama, altrimenti si farebbe portare in cima da un elicottero.»

UN CANE DI NOME DIOGENE

Diogene nella sua vita aveva fatto di tutto per non essere voluto bene. Anzi, era sempre stato a metà strada tra il prendersi in giro e il provocare. Più lui disprezzava gli altri, più gli altri lo rispettavano. Basti pensare a quello che fece al povero Alessandro Magno, che verso Diogene di Sinope aveva una fissazione quasi equivoca.

Un giorno, a un banchetto, Alessandro volle misurare la sua reazione, e sottolineò il proprio potere.

"Io sono Alessandro, il re più importante del mondo."

E il filosofo rispose: "Io sono Diogene, detto il cane".

Fu proprio da quel giorno che nacque la corrente dei cinici, tecnicamente cani, di cui era fondatore Diogene. Si diceva cane in quanto povero, libero e vagabondo. E non basta, diceva anche che la saggezza consiste nell'evitare i piaceri terreni. Rifiutava le convenzioni e i tabù sociali, i valori tradizionali come la ricchezza, il potere e la gloria. Secondo lui, la sofferenza e la fame erano utili nella ricerca della bontà. Il suo è un pensiero che riporta alla natura: "L'uomo" diceva "ha complicato ogni semplice dono degli dèi".

Diogene usava come casa una botte e aveva un catino per bere l'acqua piovana; un giorno, però, dopo aver visto un ragazzo che beveva servendosi delle mani, si liberò pure del catino.

Un altro giorno, Alessandro Magno va a trovare il filosofo. Diogene se ne sta sdraiato su una spiaggia dalle parti di Corinto, in grazia di Dio. Il re, non volendo disturbare il riposo di Diogene, non dice nulla, ma il vociare del corteo di persone al suo seguito desta il filosofo da quel piacevole momento di relax. Solo a quel punto Diogene si accorge di chi è venuto a fargli visita, ma resta comunque zitto, per nulla impressionato dall'apparizione. A un certo punto, Alessandro si rivolge a lui.

"Ti saluto, o saggio Diogene."

Diogene resta sdraiato, senza nemmeno guardarlo.

"Hai qualche desiderio?" gli fa Alessandro.

Diogene resta muto.

"Dimmi, senza complimenti, posso darti quello che vuoi. Hai bisogno di qualcosa?" insiste il re.

"Sì" risponde Diogene "che tu ti tolga tra me e il sole."

I soldati sono pronti a ucciderlo, per punire l'offesa rivolta al re, ma Alessandro li blocca.

"Fermatevi, che non gli sia torto un capello" ordina.

"Ma signore, non vedi come ti ha trattato?" dice qualcuno.

"Sì, come l'uomo più saggio del mondo. Anzi, se non fossi Alessandro Magno vorrei essere Diogene" conclude il re.

Una volta, lui che era ateniese, interrogato sulla sua provenienza, rispose che era "cittadino del mondo". Insomma era una specie di visionario e un ribelle. Forse anche per questo noi oggi usiamo il termine cinico: fu lui infatti il primo a disprezzare così apertamente le regole sociali. Si dice, per esempio, che mangiava davanti a tutti senza usare le posate e che defecava nei teatri durante le tragedie, in mezzo al pubblico, a volte addirittura sul palcoscenico. Insultava chiunque e consumava rapporti sessuali in pubblico. Amava così tanto provocare che una volta si mise a parlare con una statua, e a chi gli chiedeva cosa stesse facendo rispondeva: "Mi sto allenando a parlare invano".

Ebbene, ho sempre trovato eccezionale il modo di vivere di Diogene. Lui, infatti, odiava il matrimonio e predicava il rifiuto del denaro, cionostante non lo si può definire un rivoluzionario vero e proprio: riconosceva l'autorità degli dèi, ma non frequentava templi né perdeva tempo coi sacrifici. Riteneva che alla divinità si dovesse concedere il dono più alto: la purezza dell'anima e l'altezza del pensiero. Era nello stesso tempo un po' san Francesco un po' Lutero.

Ogni tanto però, sapeva essere anche uno scroccone, amava bere gratis e sosteneva che "il vino migliore è quello degli altri".

Una sola volta Alessandro Magno, forse un po' brillo, stufo delle sue provocazioni, tentò di vendicarsi: "Dice che è un cane? Ebbene, portategli degli ossi per cena".

Quando Diogene si ritrovò davanti quello strano pasto commentò: "È degno di un cane il cibo, ma non è degno di un re il regalo".

La fortuna

«Mi è venuta un po' di fame. Che ne dici se ce ne andiamo a fare colazione?»

«Colazione? Ma se l'abbiamo fatta due volte. Prima le lingue di suocera, poi i babà. Per non parlare dei caffè, di quelli ho perso il conto.»

«No, mi hai frainteso, io il pranzo lo chiamo ancora colazione. Quelle che abbiamo fatto sono al massimo delle merende. Dài, ti porto da Taniello. Da qui sono solo un paio di fermate di metropolitana.»

Siamo nella piazza di Materdei, prendiamo la metro collinare. Quando ero giovane questa linea non c'era. Non so quanti anni ci sono voluti per completarla. Però è comoda, devo dire la verità. E pure bella: le stazioni sono state progettate con l'aiuto di tanti artisti. Credimi è come se fosse una galleria d'arte. Quest'opera ha aperto la città alla zona alta e al Vomero, prima servito da funicolari e sporadici autobus. Quando ero piccolo ci saliva persino il tram, quello che aveva il retro scoperto e piatto come una panchina: come molti altri scugnizzi, per non pagare il biglietto, mi ci appendevo. Da lì l'espressione "attaccati al tram", per suggerire una *extrema ratio.*

«Che fortuna, è passata subito» dice Carla. «In effetti, tutta l'inefficienza di cui sento parlare, per ora non mi è parso di vederla. Neanche molto traffico, sono sincera.»

«Napoli è città anarchica. Qua può succedere di tutto: che all'ora di punta non ci sia nessuno, mentre di notte, o alla *controra*, si rimanga bloccati a lungo. Per non parlare di quando gioca il Napoli, mi dicono che sembri di passeggiare per una città fantasma.»

«La *controra*, aspetta, questa la so, dov'è che ne parli?»

«Boh. Chi se lo ricorda più. Ma non ho bisogno di autocitarmi per sapere cosa significa. La *controra* è quella parte della giornata che, per via del sole, dovrebbe essere vissuta come di notte: a letto e nel buio della stanza. Un'ora contraria, in pratica.»

«Dicevi che Napoli è anarchica.»

«Certo, lo è per eccellenza. Voglio dire che qua non solo non c'è un senso, ma nemmeno si spera di trovarlo. Le cose accadono. Ho sempre sospettato che dipenda dal vento.»

«Il vento?» chiede.

«Sì, da come soffia, così si muovono i miei concittadini. Per esempio, c'è una giornata di scirocco? Ebbene, quel giorno Napoli sarà tutta fiacca, svagata, procederà sospettosa anche perché il vento ti soffia la polvere negli occhi e non puoi tenerli bene aperti. Mentre nei giorni di tramontana la sentirai più pulita, a volte silenziosa. Sì, anche a Napoli, inaspettatamente, puoi sentire il silenzio.»

Nel frattempo siamo arrivati da Taniello. Un'osteria senza tempo dalle parti del Conte della Cerra, stradina che si arrampica verso l'Arenella. Una vera e propria cantina, aperta solo di giorno, dalle dieci di mattina alle cinque di pomeriggio. Però qualcosa da mangiare si trova sempre. Antesignana della cucina "a vista", di cui si dotano adesso quei ristoranti un po' pretenziosi e alla moda che vogliono mostrarti la preparazione dei piatti in diretta. Qua la cucina a vista c'è da sempre. Semplicemente, perché non c'era spazio.

«Speriamo che sia aperta. Taniello è uomo volubile, lavora quando *gli dice la capa*» dico. «Però ne vale la pena, ti assicuro: a parte l'atmosfera e i prezzi, puoi ancora trovare piatti in via d'estinzione. Lo *sciusciello*, la zuppa maresciallo, un *tortano* come si deve o delle semplici, meravigliose polpette fritte.»

«Magari, speriamo.»

«Carla, ci è andata bene. È aperta.»

«Che fortuna, ma dov'è?»

«Qua, non la vedi?»

«Ma c'è un gommista, e a fianco una merceria. Non vedo alcuna insegna.»

«Eh, se cerchi l'insegna non la troverai mai. Vieni, entriamo.»

Agli occhi della mia amica si spalanca un mondo nuovo: in una sorta di grotta, una trentina di uomini bevono, giocano a carte e ridono. Un paio di persone servono piatti dall'aria appetitosa, mentre un tipo segaligno se ne sta dietro al bancone a riempire brocche di vino con pesche affettate. Dall'aspetto che ha, un po' vacuo, si direbbe che pure lui ne ha approfittato. Sorriso perenne, parole biascicate, passo sbilenco ma di gran classe: è Taniello, venerabile principe degli osti partenopei.

«Don Lucià, che sorpresa» esclama Taniello.

Da come lo ha detto non si direbbe: non si è mosso dal bancone né si è girato nella nostra direzione. Diciamo che ha intuito la mia presenza. Ma è il suo modo di mostrare gioia. Peraltro, niente può sconvolgerlo.

«Tanié, ti ritrovo con piacere. Ho portato un'ospite.»

«Siete fortunati: oggi Titina ha fatto la minestra *ammaretata*.»

«Cosa sarebbe?» chiede Carla sottovoce, un po' in soggezione in quel luogo. I clienti sono solo maschi e l'arrivo della mia amica è stato subito notato. È quasi una profanazione, l'ingresso di una donna da Taniello, se si fa eccezione per la moglie, Titina.

«Una zuppa fatta di trentuno verdure e quattro tagli di carne diversi.»

«Ho già l'acquolina. Una rarità, immagino, il signore ha ragione, siamo stati fortunati.»

«Per cucinarla ci vogliono due giorni interi di cottura, si farà un paio di volte l'anno.»

«La metro, il ristorante aperto, la minestra. Per non parlare di tutti gli incontri fatti oggi. Tu, Luciano, sembri accompagnato da una sorte favorevole costante. Una benedizione...»

«Proprio così, sono fortunato e lo sono stato sempre nella vita, almeno finora» dico, prendendo posto a tavola.

«Ma credi a queste cose? Non ti facevo scaramantico.»

«Non si tratta di scaramanzia, che pure esiste in un napoletano autentico. Carla, io sono napoletano ma sono anche un ingegnere e non posso credere troppo a queste storie. Però mi ha sempre accompagnato una sensazione positiva. La si potrebbe considerare una predestinazione.»

«Eppure, *signor filosofo-ingegnere*, il caso, ovvero la fortuna, fa un po' a botte con il destino, ovvero la necessità.»

«Bah, è una distinzione vecchia. A volte può esserci una combinazione dei due elementi. Lo sostiene pure Platone, col mito di Er.»

«Mi spieghi meglio.»

«Nel decimo libro della *Repubblica* il filosofo ateniese racconta di Er, un soldato che viene ferito in battaglia. Gli dèi, pensando che fosse morto, lo portano nell'aldilà. Prova a immaginare lo stupore di Er quando, insieme alle altre anime, si ritrova ad assistere a quello che può essere considerato una specie di giudizio universale. Nel luogo incantevole in cui viene condotto, infatti, ci sono degli altissimi scanni. Lì siedono i giudici chiamati a decidere sul destino delle anime presenti. Ora, non tutte le anime nel corso della vita terrena si sono comportate propriamente bene. Alcune, quelle degli uomini considerati ingiusti, sono destinate a essere spedite nelle due voragini che terminano al centro della Terra; quelle degli uomini considerati giusti, invece, sono destinate alle due voragini che perforano il cielo. Insomma, se volessimo vederla con gli occhi di Dante, i cattivi sono mandati all'Inferno e i buoni in Paradiso. Da altre due voragini, invece, escono le anime di coloro i quali sono morti in tempi passati e hanno scontato la propria pena o goduto del premio scaturito dalle buone azioni commesse in vita. Il loro destino è raggiungere la radura in cui siedono le tre Moire;

una volta lì, se estratte dalla sorte, possono scegliere tra i sassi contenenti le vite future quella che sembra più allettante. Scelta la vita futura, tutte le anime per poter tornare sulla Terra devono bere un sorso d'acqua proveniente dal fiume Lete così da dimenticare quanto vissuto precedentemente. A eccezione di Er. I giudici, infatti, essendosi accorti del disguido, ovvero della sua non morte, gli consentono di ritornare sulla Terra senza bere dal fiume Lete, a patto di raccontare tutto ciò che ha visto.»

Carla mi guarda titubante.

«Non hai capito dove voglio arrivare?» le chiedo.

«A dir la verità, non proprio» mi risponde.

«Il mito di Er ci dimostra come per la prima volta, nel pensiero occidentale, si afferma il concetto di responsabilità morale nei confronti del proprio destino dopo la morte: è un tentativo di dimostrare la presenza contemporanea nella vita umana della libertà, del caso e della necessità. Scegliere, nella visione platonica, significa infatti essere coscienti criticamente del proprio passato per non commettere più errori e avere una vita migliore. Le Moire renderanno poi la scelta della nuova vita immodificabile: nessuna anima, infatti, una volta operata la scelta potrà cambiarla e la sua vita terrena sarà segnata dalla necessità.»

«Quindi tu sei un seguace di Platone?»

«Non ho bisogno di farne una fede per capire che sono stato aiutato dal caso. La mia vita lo dimostra. Ma perché, secondo te, un ingegnere, uno che tiene il posto fisso all'IBM a un certo punto decide di fare lo scrittore, no, non basta, il pensatore, ma che dico, l'intellettuale, il regista e compagnia cantante? *Picceré*, è *ciorta*!» dico quasi infervorandomi.

«È?»

«*Ciorta*, ovvero, una strabiliante fortuna. Certo la fortuna l'ho aiutata, ho avuto il coraggio di cambiare vita e di oltrepassare la famosa linea gialla.»

«Ma allora, per te, cos'è la fortuna?»

«Vedi, nella storia la fortuna è stata rappresentata come una ruota, un ciuffo o una vela.»

«Un ciuffo?»

«Sì, anche un ciuffo. Adesso ti spiego. Nelle fasi storiche in cui l'uomo non si sentiva artefice della propria sorte, per esempio il Medioevo, la fortuna fa girare la ruota del destino senza sosta e ribalta continuamente la vita dell'individuo, determinandone così il fato. La fortuna con il ciuffo davanti, invece, è un concetto che ha un grande successo nel Rinascimento, quando l'uomo sente finalmente di poter incidere sul proprio destino e perciò tenta di acchiappare la propria sorte per i capelli. Infine c'è la fortuna con la vela, quella che io preferisco. Qui l'uomo è al timone di una barca, in lotta con il proprio destino. Un bravo timoniere deve intuire la direzione da cui arriva il vento favorevole e sfruttarlo al meglio. Questo vuol dire che devi anche essere pronto a riconoscere la fortuna e saperla governare.»

«Luciano, sarai stato anche un buon timoniere, ma avevi comunque qualità che poi la vita ha messo in luce.»

«Ma quante persone hanno anche più qualità di me eppure non sono mai uscite dal loro guscio? Carla, stammi a sentire: non ti fidare di chi ti dice che solo con le tue forze puoi farcela. Ci vuole anche ciorta, come diciamo qua. Che poi, io non sapevo neanche di voler fare lo scrittore e tutto il resto. L'augurio migliore che posso rivolgerti è: "Mettiti nelle condizioni di sapere da dove soffia il vento, ma sii pronta con la mente e il corpo a indirizzarlo. E sorridi, che è l'unico modo per aiutare la sorte".»

«Allora anche tu sei per il *wishful thinking*?»

«Non ho capito, ma mi adeguo.»

«La profezia che si autoavvera.»

«Chiamala come vuoi tu. Intanto gustiamoci la minestra che la fortuna, o la necessità, ma io direi soprattutto la buona mano di Titina, ci ha preparato oggi.»

Arrivano i piatti. Carla assaggia e sgrana gli occhi.

«Mamma mia, è deliziosa. E perché si dice *ammanettata*?»

«*Ammaretata*, si dice *ammaretata*, cioè sposata. Nel senso di un matrimonio tra verdure e carne. Vengono cotte insieme per tanto tempo e quindi si fondono, così non capisci quando finisce l'una e inizia l'altra. Come vedi la polpa diventa una specie di crema, compatta e saporita.»

«Anche le altre portate sembrano buonissime. Non lo diresti, che in una taverna del genere si può mangiare così bene.»

«Questo posto ha un'ascendenza favorevole, in quanto a cucina. Diciamo che il *genius loci* deve essere un gourmet. Pensa che questa taverna nasce dalle ceneri di un'altra, antichissima, e pur essendo una bettola, era frequentata addirittura da Benedetto Croce. Qui, nella zona della 'Nfrascata, Croce faceva riunioni con altri intellettuali dell'epoca, e la loro frequentazione divenne così assidua che sfociò in un circolo goliardico: la Società dei Nove Musi. Un gioco per parafrasare il riferimento alle arti e ai loro aspetti che, come in tutti gli uomini di pensiero, non dovevano essere poi così avvenenti: ne facevano parte, se non ricordo male, Francesco Nitti, il poeta Francesco Cimmino, Michele Ricciardi, un avvocato col vizio del gioco, l'archeologo Spinazzola, di cui non mi sovviene il nome, Michelangelo Schipa, il critico d'arte Vittorio Pica e Carlo Petitti, un giornalista simpaticissimo.»

«Ma sono otto, comprendendo Croce.»

«E succede sempre così, si chiama sindrome dei sette nani. A memoria d'uomo, nessuno ha mai ricordato in un solo colpo tutti e sette gli amici di Biancaneve.»

«Ci provo: Mammolo, Pisolo, Eolo, Cucciolo, Brontolo, Dotto...» conta lei sulle dita. «E poi?»

«Vedi? A me però è venuto il nono: Onorato Fava, che poi è anche il fondatore della società. Come al solito, si dimentica il più ovvio. Poi il numero crebbe, come recita la filastrocca: "*Al grato arrivo di Peppino Ceci / I Nove Musi diventaron Dieci*".»

«E che combinavano, questi dieci cervelloni?»

«Secondo me mangiavano e bevevano in santa pace, al riparo da mogli e intellighenzia.»

«Un tipo incredibile, Croce. Ecco, lui è un perfetto esempio di quanto dicevo prima, un incrocio tra caso e necessità.»

«Non ne so molto: ricordo che fondò l'Idealismo in Italia e creò il Manifesto degli intellettuali antifascisti.»

«Questo c'entra fino a un certo punto. La sua biografia è importante per capire che si diventa il massimo filosofo italiano quasi per combinazione. Magari, perché una notte d'estate aveva bevuto troppa acqua per il caldo.»

«Racconta.»

«Prima però facciamoci portare un secondo.»

«Io sono pienissima, assaggio da te.»

Neanche ci avesse letto nel pensiero, Taniello serve alcune profumatissime polpette e qualche cotoletta di provola.

«Questa è civiltà, Carletta. Quando l'oste serve senza neanche ricevere l'ordinazione vuol dire che sa cosa porta in tavola.»

«Infatti, non resisto. E sarà un buon accompagnamento alla storia di Croce.»

«Innanzitutto devi sapere che era un mangione. Uomo di corporatura notevole, di curiosità vorace anche per la cucina, e poi gli intellettuali hanno spesso un debole per la tavola. Ricordo ancora che non era difficile incontrarlo di mattina, dopo che era sceso dal palazzo sul Decumano inferiore, nel tratto di strada che ora porta il suo nome, intento a divorare qualche leccornia nelle varie rosticcerie della zona: un panzarotto di patate e provola, una *mastunicola,* che è una meravigliosa focaccia condita con strutto, pepe e cacio. Ma soprattutto la pizza fritta, un disco di pasta ripiena di ricotta, provola e *cicoli,* ovvero gli scarti della carne di maiale. Accompagnata a un buon bicchierino di Marsala, che si dice ne favorisca la digestione, per proprietà organolettiche, attutendo gli effetti dell'olio in cui viene cotta, restituisce il vero sapore della tavola napoletana, quello immortalato, per esempio, nell'*Oro di Napoli* di De Sica. Tra le grazie della Loren e le pizzelle fumanti, voglio trovare uno capace di cambiare canale, anche se l'ha visto mille volte. Croce, come tutti gli uomini di pensiero, poco si curava di proteggere la camicia dagli schizzi di olio e pomodoro. Perciò, tornato a casa, riceveva sistematicamente una solenne cazziata dalla moglie, a cui non riusciva a reagire. Mi diverte immaginare questo altissimo cattedratico, temuto e rispettato dalle migliori teste d'Italia e d'Europa, in difficoltà come un ragazzino per essersi sporcato la blusa col pomodoro.»

«Allora Croce era davvero un napoletano doc?»

«Lo divenne, ma non era nato qua. Era abruzzese, di Pescasseroli. Il giovane Croce si trapiantò molto presto a Napoli con la famiglia. Famiglia colta, agiata e atipica, dal lato paterno conservatore e da quello materno progressista, dove circolavano libri e idee. E quella famiglia colta, agiata e atipica si dava all'uso moderno e un po' snob delle vacanze estive.»

«E che c'entra la filosofia idealista con il caso e la predestinazione?»

«Un po' di pazienza. Oggi tutti facciamo i bagni, ma all'epoca era davvero un privilegio. Quell'estate del 1883 la famiglia Croce se ne va in vacanza a Ischia, già allora meta balneare. Era luglio. Il 28 del mese è tristemente noto per uno dei più disastrosi eventi sismici della storia d'Italia: il terremoto di Casamicciola. Talmente tragico l'esito di quei novanta secondi di scosse, che si contarono più di duemila morti, e dalle nostre parti è diventato di uso comune dire "È successa Casamicciola", quando all'improvviso c'è il caos. La famiglia di Croce non fu risparmiata: morirono madre, padre e sorella. Si salvò solo lui. Lo trovarono sotto le macerie, come racconta Giustino Fortunato, uno storico che, trovandosi anche lui in vacanza sull'isola, illeso, aiutò i pochi soccorritori. Vedi? Chissà perché il caso ha voluto salvare proprio don Benedetto. Magari si trovava in cucina per la sete, o in bagno, piuttosto che a letto, dove invece erano i suoi. Pura combinazione.»

«Tu dici?»

«O forse c'era un angelo protettore degli intellettuali, dato che si salvò pure Fortunato, *nomen omen.* Sta di fatto che Croce divenne orfano. Fu accolto a casa dello zio, Silvio Spaventa, fratello del filosofo Bertrando. La famiglia d'origine aveva indirizzato il giovane agli studi di Legge, che portò a termine. Triste dirlo, ma se questa drammatica deviazione della storia non ci fosse stata, chissà, magari diventava un grande avvocato, o un giudice. Invece, l'amore per il pensiero, probabilmente appreso a casa Spaventa, lo condusse altrove. Questo però nessuno può stabilirlo con precisione, e io aggiungo: per fortuna. Guarda, ti faccio un esempio personale. Durante la guerra riparai con i miei in un posto che doveva essere tranquillissimo. Mio padre, che a lungo aveva studiato dove fuggire da Napoli, lo definiva "il ventre della vacca". Ovvero, il posto più sereno al mondo. Quel posto, manco a dirlo, era Cassino. Non lo sapevamo, ma stavamo per andarci a piazzare nel teatro di una delle più sanguinose battaglie della Seconda guerra mondiale, con tanto di biglietti di prima fila gentilmente prenotati da papà. Io, assetato di letture, nella casa in cui stavamo trovai una cassa con l'intera collezione dei volumi di P.G. Wodehouse, il grande scrittore comico inglese. Me li divorai. Non ho mai capito se sono diventato umorista per aver letto tanto Wodehouse o se mi abbia conquistato proprio perché ero già umorista. Ci sei?»

«Interessante bivio. E tu per cosa opti?»

«Opto per pagare e andare a prendere un caffè.»

Uscendo, riprendiamo a camminare lentamente per *saccottiare*, termine napoletano che ossequia il dettame della Scuola Medica Salernitana "*post prandium aut stabis aut lente deambulabis*", ovvero, dopo pranzo o si riposa o si passeggia lentamente.

«Luciano, sono curiosa di conoscere il tuo parere: allora il nostro destino è già scritto o lo costruisce il caso?»

«L'ho detto, a me non interessa saperlo. Sta di fatto che Croce dà la sensazione di non voler credere al caso. Chi lo sa, forse proprio perché quell'evento lo traumatizzò definitivamente. Croce è storicista, in lui tutto si aggrega a partire da un senso preciso, cioè lo sviluppo storico. È come dire che la sua sopravvivenza al terremoto di Casamicciola era quasi logica, giusto perché era destinato ad avere un ruolo chiave nella storia italiana. Anche se sul suo conto Leo Longanesi disse: "Croce di politica non capisce nulla, ma con grande autorità". Infatti, fu un antifascista che dopo il delitto Matteotti diede la fiducia a Mussolini, donò l'oro alla patria e fu un principe del liberalismo votando però per la monarchia al referendum del '46.»

La vedo scettica, mentre entriamo in un bar.

«Tre caffè» chiedo.

«Qui non mi trovi impreparata, ho letto il tuo libro *Il caffè sospeso,* che hai scritto nel 2008. Il terzo è un caffè offerto all'umanità, dico bene?»

«Dici bene! È un'usanza che spero di aver contribuito a rilanciare. All'epoca, quando scrissi il libro, si era persa questa abitudine. Oggi, invece, se ne sente parlare molto spesso. Sarebbe bello poter sapere quanti "caffè sospesi" sono stati offerti in più rispetto a prima dal 2008 a oggi.»

«Certo che voi napoletani siete proprio fissati con il caffè!»

«Ormai ci siamo, un giretto al Vomero è inevitabile, che ne pensi?» le chiedo.

«Gongolo» esclama, esultando.

«Addirittura.»

«Ma che hai capito, Gongolo è il settimo nano. Quello che non ricordavo prima.»

IL CIRCOLO CARPE DIEM

I pensieri a volte si comportano come lo scotch biadesivo, ovvero quello che per quanto tu possa fare attenzione finisce sempre con l'incollarsi sulle mani. Ciò detto, ogni volta che penso al passato, un pochino di malinconia mi acchiappa, e questo perché il primo difetto che hanno i pensieri è proprio quello di farci ricordare sia la giovinezza perduta sia gli amori finiti maluccio, ovvero quelli che più di tutti ci hanno fatto soffrire. Ebbene, a questo punto che dire? Forse il "non pensare" potrebbe essere l'unico modo che ancora abbiamo per non sentire il rumore del tempo che passa.

Ora a me in questi ultimi anni il tempo libero è un pochino aumentato, ragione per cui mi capita spesso di pormi delle domande alle quali poi non so rispondere. Per esempio: "Dove ero prima di nascere?" oppure "Dove andrò dopo la morte?". L'unica speranza che credo di avere è posta nell'aldilà, ovvero, nella possibilità di incontrare mia madre e mio padre.

Se ci penso, però, il mio problema è il seguente: ogni volta che mi guardo allo specchio non mi riconosco. Insomma, detto fra noi, non posso fare a meno di chiedermi chi sia quel signore anziano dai capelli bianchi che mi sta di fronte. E non basta: sono anche convinto di essere del tutto diverso da quell'immagine che vedo. Credo, infatti, di essere molto più giovane di quello lì.

Sempre se ben ricordo, nel 1956 insieme ad alcuni amici io m'inventai un piccolo circolo universitario: il cosiddetto "Carpe Diem", in omaggio al poeta latino Orazio. Del resto, se Benedetto Croce aveva fondato la Società dei Nove Musi, anche noi potevamo creare uno spazio dove dar voce ai giovani "intellettuali" del nostro tempo. Inizialmente agli incontri partecipavamo io, Renato Ricci, Italo Ormanni, Tonino Massaro e Alfonso Migliaccio. Subito dopo però si unirono a noi anche gli studenti di altre facoltà, e fu così che iniziammo a dar vita a dei veri e propri dibattiti. Nel tentativo poi di coinvolgere quante più persone possibile, iniziammo anche a organizzare vere e proprie feste, se non altro per conoscere delle belle ragazze. E sempre se ben ricordo, ci procurammo anche un biliardo nella convinzione che nei momenti di relax ci avrebbe aiutato a riflettere. Nei tempi morti, invece, organizzammo dei piccoli tornei di carte, e fu proprio per questo motivo che rischiai di finire in galera.

Un pomeriggio, infatti, mentre eravamo tutti presi dalle nostre attività, sentimmo bussare alla porta. Era il commissario De Piscopo del quartiere Vomero che ci voleva fare delle domande.

«Buonasera commissario» dissi io, sfoderando un sorriso.

«De Crescé» disse lui, «qua non ci sta niente da ridere.»

«Oddio, ma è successo qualcosa?»

«Certo che è successo qualcosa. Cosa stanno facendo questi ragazzi?»

Io mi voltai e vidi che alcuni dei miei amici erano intenti a giocare a scopone scientifico.

«Stanno giocando a carte» risposi.

«E ti sembra normale?» chiese il commissario.

«Io penso di sì.»

«De Crescé, puoi anche essere il principe degli studenti e capo dei goliardi napoletani, ma se non togli di mezzo queste carte io t'arresto!»

Il commissario De Piscopo, infatti, pensava di trovarsi al cospetto di una bisca clandestina. Non oso immaginare cosa avrebbe detto mio padre se mi avessero arrestato. Eccolo lì, un aspirante ingegnere caricato su un cellulare per colpa di uno scopone scientifico. Perché, non so se lo sapete, ma all'epoca il cellulare era un furgone della polizia e non quel demoniaco strumento che oggi ci permette di essere costantemente in contatto con il mondo.

Il caso volle che il commissario De Piscopo credesse alla nostra buona fede e solo così riuscii a evitare la galera. Certi intoppi, infatti, possono trasformarsi in fonte di grande sofferenza. Lo sa bene il povero Orfeo. Chi era Orfeo? Era un musicista, un poeta, un cantante. Oggi più brevemente avremmo detto che era un cantautore. D'altra parte non poteva non esserlo, in quanto aveva come papà Apollo, il dio della musica, e come *mammà* Calliope, la musa del canto. Quando cantava Orfeo accadevano cose da pazzi, diremmo noi a Napoli. Sì, perché gli uccelli si fermavano per aria sulla sua testa e facevano *sciusciusciusciusciusciu*, i pesci uscivano con la testa fuori dall'acqua per sentire meglio, gli alberi, compatibilmente con le radici, si avvicinavano e persino le montagne lo seguivano mentre camminava per le pianure della Tracia. E che cosa cantava Orfeo? Canzoni d'amore. Eh sì, perché era molto innamorato di una ninfa che si chiamava Euridice. Purtroppo, però, questa Euridice non piaceva solo a Orfeo, piaceva anche a un altro figlio di Apollo che si chiamava Aristeo, un apicoltore. Aristeo era un uomo manesco, brutale, non era come Orfeo, un poeta, una persona sensibile. Un giorno Aristeo avendo visto Euridice farsi il bagno nuda in un laghetto, approfittando del fatto che era sola, cercò di saltarle addosso. Euridice scappò, inseguita da Aristeo, e senza volere fu morsa alla caviglia da un serpente velenoso e morì. Quando Orfeo seppe della notizia non batté ciglio: "È morta Euridice, è scesa nell'oltretomba, eh, vabbè, vorrà dire che me l'andrò a riprendere".

"Come sarebbe a dire che te la vai a riprendere?" gli chiesero gli amici.

"Sentite, ma io quando suono e canto affascino tutta la natura? Ebbene, vuol dire che questa volta scenderò negli Inferi e conquisterò il mondo dei morti."

Il problema era trovare la discesa per arrivare agli Inferi. Orfeo la cercò ovunque, e sapete dove la trovò? Proprio nei pressi di Napoli, a Cuma, in una piccola apertura nella montagna. Incominciò a scendere suonando la lira. E scese, e scese, e scese, fino a quando non si trovò davanti il fiume Stige, che separava il mondo dei vivi dal mondo dei morti. E qui nacque il problema su come attraversare il fiume. C'era un addetto, un vecchio, brutto, sporco, cattivo che si chiamava Caronte, che non solo faceva remare le anime dei defunti, ma pretendeva pure di essere pagato. Tanto è vero che in Grecia ai morti, quando venivano seppelliti, si metteva in bocca una monetina, proprio per pagare il pedaggio a Caronte. Ebbene, Orfeo non aveva una lira, nel senso che non aveva un soldo, eppure, ci crediate o no, Caronte, sentendolo suonare, si offrì di accompagnarlo gratis dall'altra parte. E si trovarono così davanti a Cerbero, il cane a tre teste. Una bestia terribile, feroce, che non lasciava entrare i vivi e non lasciava uscire i morti. Eppure, anche Cerbero si accucciò davanti a Orfeo. E sempre suonando e cantando Orfeo giunse davanti a Ade, il dio degli Inferi, e a sua moglie Persefone.

Disse Orfeo: "Sentite, ma vi sembra giusto che Euridice sia morta così giovane? Io le volevo tanto bene, restituitemela".

E Persefone chiese al marito: "Ade, cosa dici, gliela vogliamo restituire?".

"Eh vabbè" rispose Ade, "restituiamo Euridice. Però, mi raccomando, non la deve mai guardare in faccia, mai."

Questo fatto che non si potevano guardare le anime dei morti era una legge che c'era giù negli Inferi. Infatti, anche Orfeo, quando suonò per Ade e Persefone non li guardò mai in volto.

E Ade aggiunse: "E la potrà guardare solo quando tutti e due saranno usciti alla luce del sole". E così cominciò la salita. Davanti a tutti c'era Orfeo, a qualche metro di distanza Euridice, e terzo Hermes, il controllore, colui che doveva per l'appunto controllare se Orfeo si voltasse oppure no.

Orfeo andò avanti, suonando la lira. Ma diciamo la verità, non era sicuro che Euridice lo stesse seguendo. Stava lì lì per voltarsi quando si ricordò del giuramento, e continuò a camminare. Poi si fermò, tese l'orecchio, per udire qualcosa, un passo, ma non sentì nulla. "Per forza" pensò, "i morti quando camminano non fanno rumore." E allora riprese il cammino. A volte smetteva di suonare nella speranza di udire un respiro, un fruscio, ma nulla. Poi, all'improvviso, sentì una voce. Era lei, Euridice, che lo chiamava, ma lui non si voltava, aveva capito che erano gli dèi degli Inferi che lo tentavano.

Allora Euridice insistendo gli disse: "Sono forse diventata così brutta che non mi vuoi guardare? O forse non mi vuoi più bene?".

Orfeo aveva le lacrime agli occhi, avrebbe voluto voltarsi, ma sapeva che se lo avesse fatto l'avrebbe persa per sempre.

E lei lo tentò ancora: "Amore mio, ho tanta voglia di

darti un bacio ma tu mi sfuggi, e non mi vuoi guardare. Abbracciami amore mio, ho tanto freddo".

Orfeo ripeté a se stesso di resistere, di non voltarsi, poi sentì la luce del giorno sul suo viso, capì che era uscito all'aperto, si voltò, ma Euridice non era ancora completamente uscita dal cunicolo, si era attardata, perché le faceva male la caviglia, quella morsa dal serpente, e morì per la seconda volta.

Questo episodio ci fa riflettere su come superare la linea gialla possa avere anche delle conseguenze devastanti. Oltrepassare la linea gialla, infatti, rappresenta quel momento della vita in cui un uomo, a volte consapevolmente, altre inconsapevolmente, intraprende una strada piuttosto che un'altra. È una scelta difficile, perché la via che si sceglie di percorrere può cambiare irrimediabilmente il nostro futuro.

Se ripenso al mio passato, tra i momenti in cui mi sono chiesto se valesse o meno la pena oltrepassare questa linea, posso assicurarvi che entrambe le decisioni prese in quelle occasioni hanno poi condizionato il mio futuro.

Il primo momento mi riporta ai miei ventotto anni. Mi trovavo a Napoli, e mi ero incamminato per via Cimarosa per andare a una festa a cui ero stato invitato. All'altezza della funicolare di Chiaia incontrai il mio amico Nando Murolo.

«Ciao Lucià, dove stai andando?»

«Sto andando a piazza Vanvitelli, mi hanno invitato a un *balletto.*»

«Ma no, vieni con me in via Luigia Sanfelice. Sto andando a una festa dove oltre alle belle ragazze si trova anche da mangiare!»

«Ma mi stanno aspettando, che figura faccio?»

«*Ma che te ne fott'!* Domani troverai una scusa.»

Decisi di seguire Nando e a quella festa incontrai Gilda, una delle ragazze più belle che avessi visto in vita mia. Ci innamorammo, poi ci sposammo e dal nostro matrimonio è nata mia figlia Paola. Ancora oggi mi chiedo cosa sarebbe accaduto se avessi deciso di andare a piazza Vanvitelli. Probabilmente, mia figlia non sarebbe nata.

Il secondo momento, invece, risale al 1978. All'epoca ero dirigente dell'IBM Italia e guadagnavo un milione di lire al mese. In quello stesso anno, però, pubblicai anche il mio primo libro con Mondadori, *Così parlò Bellavista*. Vendetti circa cinquemila copie guadagnando quasi due milioni di lire. All'epoca non mi conosceva nessuno e un risultato simile per un'opera prima non era poi così male, ma il guadagno ottenuto non era così allettante da spingermi a lasciare un impiego che mi garantiva tredici milioni l'anno. Lo so, oggi una cifra simile non farebbe gola a nessuno, ma all'epoca in molti avrebbero esclamato: "*O anim d'o priatorio*", e non solo il suocero di Bellavista, 'o cavaliere.

Una sera, sempre in quel periodo, fui invitato a cena a casa di Renzo Arbore, e mi ritrovai seduto accanto a un signore paffutello e con i baffi: Maurizio Costanzo. Nel corso della cena gli raccontai i miei dubbi in merito alla carriera di scrittore e lui, che in quel periodo stava per iniziare la trasmissione "Bontà loro", mi invitò in televisione a raccontare le mie perplessità. Io accettai l'invito, del tutto ignaro di ciò che avrebbe comportato andare in televisione. Nel corso della puntata, infatti, Maurizio Costanzo mostrò la copertina del mio libro. Il risultato fu che dopo il primo mese da quella ospitata le copie vendute divennero centomila, e poi a seguire altre centomila, fino a quando il volume non venne ristampato inducendomi ad abbandonare il mio posto di lavoro e a intraprendere la carriera di scrittore.

Mi ricordo come se fosse ieri il giorno in cui sono passato dall'uno all'altro mestiere. Ero andato all'IBM, dove lavoravo come ingegnere, a presentare la lettera di dimissioni. Ovviamente volevo salutare i miei colleghi, che nei vent'anni in cui ero stato in azienda si erano trasformati in amici. Vado da loro e dico: "Vi abbraccio". A quel punto mi sento rispondere: "De Crescenzo, scusa, ma abbiamo una riunione vendite". Ovviamente mi sono offeso, in quanto in quel momento ho pensato: "Ma come, io sono commosso, con la lacrima all'occhio, ti vengo a salutare e tu tieni la riunione vendite... dico 'Ma va' via!'" e me ne sono uscito indignato per recarmi alla Mondadori.

Ora, dovete sapere che all'epoca sia l'IBM sia la Mondadori avevano sede a Segrate, a un chilometro di distanza l'una dall'altra, ed erano divise dalla campagna.

Una volta uscito dall'IBM mi sono detto: "Mo' che faccio? Chiamo un taxi per fare un chilometro?". Pertanto, ho deciso di andare a piedi, ho preso la mia valigia e mi sono incamminato lungo la campagna. C'era il vento che mi ha scompigliato i capelli. Allora ho capito il messaggio. L'artista deve essere "scapigliato". L'artista ordinario non esiste, è una contraddizione in termini! A quel punto mi sono tolto la cravatta, ho sbottonato il collo della camicia, e cantando *'O sole mio* sono andato verso la Mondadori.

Però ho fatto un po' tardi, e ho trovato ad attendermi la segretaria del dottor Caruso che mi ha detto: "Presto ingegnere, presto, che c'è la riunione vendite".

Era tale e quale. Tale e quale all'IBM.

A quel punto le ho detto: "Signorì, avete un pettine?".

La cartolina

Ebbene, per chi non lo sapesse, via Scarlatti è una strada che divide il quartiere Vomero, la zona collinare, giusto a metà, ovvero il luogo dove io, De Crescenzo, ho trascorso la mia adolescenza. Ciò detto, la Scarlatti è una via ricca di bar e di negozi, dove, non appena posso, cerco di tornare, e questo perché spero di incontrare qualche amico, se non addirittura una ex fidanzata. E non basta: ogni volta che ci torno, da lì faccio il mio saluto al Vesuvio, la montagna che credo di aver visto fin dall'anno in cui sono nato, punto di riferimento per i napoletani e simbolo della città nel mondo. In questa strada c'è una scalinata a picco su via Aniello Falcone, uno dei canali di collegamento al centro.

«Pensa che a diciassette anni mi lanciavo per questa scala e raggiungevo il mare in un quarto d'ora scarso.»

«Facevi delle gare con gli amici?» chiede Carla.

«No. Correvo per il motivo più vecchio del mondo: per amore.»

«Lo immaginavo che eri un romantico! E chi era la fortunata?»

«Una ragazzina deliziosa e un po' razzista che mi aveva fatto perdere completamente la testa.»

«Razzista?» fa lei.

«Devi sapere che tra il Vomero e il resto della città, fino a qualche tempo fa, non correva buon sangue. Qui, quando si voleva parlare del resto dei quartieri situati sul mare, si diceva "Giùnnapoli", con mimica consolidata: il mento si spostava in direzione del mare e la mano a spazzare via l'aria. Ma i vomeresi erano puntualmente ricambiati, specie dagli abitanti della zona Chiaia, che li gratificavano dello status di cafoni. Sembra che una delle origini della parola cafone derivi dall'utilizzo della fune con cui i contadini del Vomero si reggevano i pantaloni: dunque, "con la fune", che in napoletano diventa *cafune*. Proprio per questo motivo, a un certo punto della mia vita, decisi anch'io di procurarmi una fune e di usarla per riguardo verso di loro. Il Vomero all'inizio era un quartiere di campagna e lo rimase fino all'invenzione della funicolare. A quei tempi, però, era necessario avere come minimo un cavallo. I miei venivano a trascorrere qui le vacanze, per via dell'aria salubre e il clima fresco. Il trasporto a fune ha cambiato in pratica la storia delle due zone.»

«Sono curiosa di conoscere il ruolo della tua bella in questa interessante dissertazione. Prima di tutto, come si chiamava?»

«Si chiamava Gertrude, e già dal nome si capiva che doveva avere un carattere difficile. In più aveva anche la erre moscia, cioè quella che in genere hanno i nobili. La sua famiglia, infatti, era imparentata con i Pignatelli, ovvero con la crème della città. Questa ragazza, poi, frequentava il liceo Jacopo Sannazzaro, la scuola più elegante del Vomero.»

«Ancora non mi hai spiegato il perché della corsa e del suo razzismo.»

«Semplice: appena avevo tentato di avvicinarla, in palestra, durante l'ora di educazione fisica che le nostre classi facevano insieme, mi aveva detto: "Niente da fare, io con i cafoni del Vomero non ci parlo neanche". Io, prontissimo, le avevo detto che non ero del Vomero. Ed era anche vero, perché mi ci ero trasferito da appena un anno. Ma chi sapeva cosa Gertrude pensasse dei Luciani, ovvero gli abitanti di Santa Lucia, il quartiere sul mare da cui provenivo? Perciò inventai una palla. Le dissi che ero di via Dei Mille, la strada più importante di Chiaia. Mi spiazzò, proponendomi di farci ogni giorno il viaggio in funicolare insieme. Carlé, iniziò un periodo durissimo. Ogni mattina mi svegliavo un'ora prima, facevo di corsa le scale fino a Chiaia e mi trovavo all'appuntamento con Gertrude. Il problema, semmai, era il ritorno, quando dovevo fare 564, me li ricordo ancora adesso, pensa, 564 gradini in salita. Le finanze non mi permettevano altri viaggi in funicolare. Anzi, per la verità a un certo punto non bastarono neanche per quelli in sua compagnia. Nel '47 mettere insieme venti lire a settimana non era semplice; perciò iniziai a evitare il ritorno, dicendo che mi fermavo a studiare da un amico. Raggranellai un po' di soldi vendendo libri: i Verne, gli adorati Salgari. Con il *Ciclo dei corsari* comprai due settimane in funicolare, cinque giorni, invece, con *La scotennatrice*, un'edizione preziosa rilegata in oro. Poi la mia libreria finì. Dovetti dirle che i miei avevano deciso di comprare casa al Vomero. Mi sorprese: "E che fa? Tanto rimani sempre uno di Chiaia" disse, fortunatamente.»

«Che storia dolce. E con lei, come andò?»

«Qualche bacio, poi, come volevasi dimostrare, mi lasciò per un Capece Minutolo o chi per lui. Mai confondere le classi, in amore. Lo dico anche a te: difficile superare certi ostacoli sociali. Te ne rendi conto sempre troppo tardi.»

«Ho un'idea diversa, ma capisco. Era un'altra epoca.»

«Fidati. Sarà brutto da dire, ma le differenze sociali sono barriere che possono diventare invalicabili, anche se io non ho mai dato troppo peso a queste cose.»

Adesso voglio mostrare a Carla un'altra zona del Vomero. Non San Martino, che a quest'ora sarà invasa di turisti e scolaresche e finisce per rivelarsi una cartolina, magari bellissima, però pur sempre una cartolina. No, ho deciso che la porterò al Petraio. Zona di confine tra la collina e i Quartieri Spagnoli, area antica e nascosta sul fianco di quell'anfiteatro che è Napoli vista dall'alto. Dalla Floridiana, il polmone verde del quartiere, arriviamo in via Toma, e per un saliscendi di scale siamo in via Palizzi. Forse tra le strade più belle della città: palazzetti rococò e liberty, panorama mozzafiato, molto verde. Una sorta di serpente che si dipana sul costone di tufo. Arriviamo verso villa Hertha e Carla legge, sulla parete di una torretta, un'iscrizione.

«C'è scritto "Qui rido io". Scusa Luciano, chi è Scarpetta?»

«Eduardo Scarpetta è stato il più fertile commediografo del Novecento napoletano. Un vero e proprio genio della satira. La scritta è una dedica al mondo un po' sarcastica: in pratica voleva dire che con i soldi derivati dai proventi delle commedie si era comprato una torre e un giardino lussureggiante. E da lì, con quella vista e quella dimora da re, toccava a lui, ora, ridere.»

«Ma io direi scompisciarsi, questo posto è straordinario. Si vede tutto il golfo: il Vesuvio, la costiera, e quella cos'è, Capri?»

«Esatto. Sicuramente sarà stata di ispirazione per le sue storie. Tra l'altro, questa zona è chiamata anche *'a santarella*, per via di una commedia da lui creata.»

«Ma quanti nomi hanno i posti a Napoli?»

«Almeno tre: il quartiere, la strada e quello che gli dà la gente. Al Petraio, per esempio, ho conosciuto un caratterista, Antonio Sigillo, con molto teatro alle spalle. Lavorò pure con Eduardo De Filippo. Così, lo volli per una particina nel mio primo film da regista. In *Così parlò Bellavista* interpreta mio zio, in una sequenza molto amata dal pubblico. Forse lo ricorderai: è quello che entra nei magazzini della Rinascente e chiede lo sconto. All'obiezione della commessa, che gli spiega che è impossibile averlo, lui ha uno slancio di genio sostenendo di essere un caro amico della signora Rinascente. Quando lo girammo, ridevamo tanto che non riuscivamo ad andare avanti.»

«Ti è piaciuto fare film?»

«Moltissimo, eppure all'inizio non sapevo neanche da dove cominciare. Mi affiancarono degli "aiuto" molto in gamba. Tutto sommato andò bene, specie il primo. Mesi e mesi in sala, fu un successo. Ma quello che mi sconvolgeva del cinema era altro.»

«Cosa?»

«La trasposizione sullo schermo di ciò che era nato nella mia testa. È assurdo, non credi? Quello che era poco più di un gioco aveva dato vita a un mondo. E non solo il mondo del film, ma anche quello dietro la macchina da presa. Operatori, truccatori, costumisti. Una macchina gigantesca si muoveva perché un giorno avevo deciso di buttar giù delle chiacchiere. Non è stato difficile girare *Bellavista*, è stato difficile smettere. Tutta Napoli voleva collaborare, chi offrendosi gratuitamente come comparsa, chi con dei consigli e chi affacciandosi addirittura a un balcone di un primo piano con una chitarra in mano nella speranza di essere scritturato e pagato.»

«E ti piace, il cinema, da spettatore?»

«Ho un approccio di tipo infantile. Non leggo mai le critiche prima di vedere un film, non mi voglio far condizionare.»

«Voglio aneddoti sul tuo film, ti saranno successe cose strane.»

«A bizzeffe. Però, una volta sul set, ti rendi conto che, proprio perché dietro c'è una macchina organizzativa notevole, devi comportarti seriamente. Io non avevo un approccio da professionista e mi ci adeguai a fatica. Poi, c'erano attori improvvisati che rendevano tutto più complesso, anche se divertente. Ce n'era uno che ha una storia personale pazzesca, anche se ho un po' di timore a raccontartela.»

«E perché?»

«Il motivo ce l'hai davanti agli occhi.»

Siamo ormai sui gradoni del Petraio. Da qui il panorama ci offre altri spunti.

«Ma cosa, non capisco.»

«La cartolina, Carlé. Ho il timore che ciò di cui ti parlo possa esser preso per pittoresco. Ho combattuto una vita, contro l'accusa di oleografia.»

«Mah, per me è un complesso che avete solo voi. Guarda che Napoli, al di là della stampa, fuori non è vista come una cartolina. Anzi. Semmai, le abitudini, i vezzi, anche i difetti che avete vi rendono molto interessanti. Ti assicuro, è un problema che vi fate da soli.»

«Lo spero, perché molte cose succedono davvero, non sono caricature.»

«E allora stai sereno.»

«Anche se ti racconto l'ennesimo esempio sulla napoletanissima arte d'arrangiarsi?»

«Soprattutto.»

«Vabbè. L'hai voluta tu. Ti voglio parlare della storia di Massimo Colatosti, che nel film era un benzinaio dalla risposta pronta. Quando Geppy Gleijeses, che fa la parte di mio genero, chiede tremila lire di benzina, lui fa: "*S'avess 'mbriacà a machina*", ovvero...»

«Basta traduzioni, guarda che ho capito: "Si dovesse ubriacare l'auto". Sto imparando.»

«Ottimo. Allora questo ragazzo, Massimo, nella vita era una *capa fresca*, come noi chiamiamo i tipi un po' strambi, con idee strampalate. Non doveva essere nato molto ricco, ma non di fosforo: di quello ne aveva anche troppo. E forse hai sentito parlare di uno che a Napoli si inventò la maglietta con la cintura dipinta addosso, quando uscì l'obbligo per legge di indossare le cinture di sicurezza.*»

«Sì, ero bambina ma me lo riferirono i miei, molto divertiti.»

«Ecco, quello è Massimo. Colatosti è famoso pure per essere andato a Berlino, alla caduta del Muro, e averne raccolto i pezzi da vendere in Italia.»

«Un genio davvero!»

«Puoi dirlo, non sai quanti soldi ci fece. Bissò con i frammenti delle statue di Lenin e Stalin, a Mosca, dopo la fine dell'Unione Sovietica. E raggiunse notorietà pure quando si mise a circolare tra le auto bloccate nel traffico con un cellulare, quando ancora non erano così diffusi. Era un *cascettone* con una cornetta, e per mille lire ti faceva chiamare a casa e potevi rassicurare tua moglie sul rientro.»

«Scusa, Luciano, ma questo tipo merita il Nobel, altro che oleografia.»

«Infatti, si faceva chiamare l'Archimede partenopeo. Scrisse pure un libro dove rievocava tutte le sue bravate e mi volle far curare la prefazione. In realtà Massimo è l'evoluzione creativa dello *spicciafacenne*, antica figura del proletariato napoletano. Uno che sbrigava mille mansioni, dal compilare moduli al fare le file per chi non aveva tempo. Con una tariffa fissa, indipendentemente dall'opera prestata.»

Di colpo il sole scompare. Scende qualche goccia. Noi siamo quasi arrivati a corso Vittorio Emanuele, con l'obiettivo di sbarcare a via Chiaia passando per i Quartieri Spagnoli.

«Vieni, ripariamoci dentro a un bar che *schizzichea*.»

«E vabbè, mi vuoi sfidare. Schizz… che?»

«*Schizzichea*, lo senti, è onomatopea pura. Che ti fa venire in mente?»

«Pioviggina?»

«Sì, ma qualcosa in meno. Poche gocce che ti schizzano e infastidiscono. Anzi, ci sarebbe una *lectio* ancora più difficile, *schizzicazzichea*. A Napoli la pioggia ha vari stadi: *schizzichea…*»

«E su questo ci siamo.»

«*Chiove…*»

«Piove, vabbè.»

«*Sta 'ncasann…*»

«Stop, non ho afferrato.»

«Ovvero la pioggia aumenta. E infine, *'o pata pata 'ell'acqua*, il temporale.»

«Luciano…»

«Che c'è?»

«Questo è folklore» dice, con le mani sui fianchi. «Però, mi fa troppo ridere.»

* Secondo altre fonti, il vero inventore della maglietta con la cintura dipinta è Claudio Ciaravolo.

SONO STATO CRONOMETRISTA

C'è chi la squadra del cuore la sceglie e chi se la trova addosso nascendo, così come scopre di aver un padre, una madre e una sorella. È il mio caso: credo di essere stato tifoso del Napoli fin da quando ho avuto l'uso della ragione. Io stesso non mi rendo conto di come possano convivere in me il tifo e l'*apàtheia*, ovvero il distacco dalle passioni, insegnatami dai miei prediletti filosofi greci.

Ogni volta che prendo in mano un giornale sportivo non posso fare a meno di cercare con lo sguardo quella N maiuscola che indica il punto, dove, probabilmente, si parlerà del Napoli. Ho preso questa malattia quando avevo appena cinque anni. Ero andato allo stadio Ascarelli al seguito di un ragazzo "grande". A un certo punto il Napoli segnò e un uomo che mi stava seduto accanto, una specie di Mangiafuoco, mi strappò dal posto dove ero seduto e cominciò a lanciarmi in aria come se fossi stato una palla. Ricordo che, mentre mi libravo sulla testa degli spettatori, avevo modo di vedere tutta la folla in delirio. Ebbene, non ho più dimenticato quell'urlo. L'ho ancora qui nella testa e quando vince il Napoli mi sembra di trovarmi a mezz'aria. Un po' come quegli innamorati che perdono la ragione quando si trovano al cospetto della propria amata, anche se quello che provo per il Napoli non è proprio amore. Da sempre sono convinto che esista una sottile differenza tra l'amare e il voler bene: l'amore, infatti, sebbene sia un sentimento forte, molto spesso tende a consumarsi e di conseguenza a finire. Il voler bene, invece, cresce sempre. Basta provare a pensare a una persona a cui si vuole bene, come per esempio a un figlio o a un amico: ecco, ci si rende subito conto che l'affetto nei confronti di questa persona cresce un pochino ogni giorno di più. Quindi, credo che il Napoli io non lo amo, io al Napoli voglio bene!

Il calcio, però, non è stato l'unico sport al quale ho dedicato la mia attenzione, anche se per motivi ben diversi. Tutto cominciò quando mi innamorai di Giuliana. Lei aveva sedici anni, gli occhi neri, i capelli lunghi e le labbra rosse pur non avendo mai usato il rossetto. Io a diciassette anni me la vedevo passare davanti più bella che mai. Per strada addirittura ancheggiava. A letto, poi, prima di prendere sonno, chiudevo gli occhi e me la vedevo sdraiata al mio fianco e se mi addormentavo me la sognavo immediatamente mentre mi abbracciava. Purtroppo, però, a Giuliana piacevano solo gli sportivi e in particolare quelli che vincevano le gare di atletica. In pratica le piaceva Domenico Della Gala, anche detto Mimì, campione campano dei quattrocento metri, che poi divenne mio caro amico. Io una decina di volte avevo cercato di batterlo ma non c'ero riuscito. Nel migliore dei casi arrivavo secondo. Se facevo 52"3 lui faceva 52"2. Una volta ho fatto perfino i 52 netti, ma sempre secondo sono arrivato. Quei due metri, infatti, mi allontanavano di due metri da Mimì e quasi un chilometro da Giuliana. Ora, all'epoca non erano ancora state inventate le sostanze dopanti e io più che allenarmi tutti i giorni non potevo fare. Ogni giorno, dopo aver studiato, mi incamminavo sulla collina del Vomero diretto allo stadio Collana. Una volta il mio allenatore, il professor Marotta, che Dio l'abbia in gloria, mi disse: "De Crescé, se vuoi scendere sotto i 52 non devi fumare" e io oggi se non fumo lo debbo a lui e di conseguenza a Giuliana. Ma lei, anche se non fumavo, non mi degnava di uno sguardo. Avevo un amico, un certo Antonio, che mi cronometrava e Dio solo sa quanto ho odiato lui e il suo cronometro. Quell'Omega, infatti, era grande come una cipolla ma io non sono mai riuscito a farlo scendere sotto i 52. Tutto questo, poi, mentre Mimì correva, vinceva, usciva con Giuliana e la baciava.

Un fetentissimo centesimo ci separava all'arrivo ma era quel tanto che bastava perché lui arrivasse primo e io secondo. Lui sempre primo, sia sul traguardo sia su Giuliana. E io, se proprio mi andava bene, sempre secondo. Strana cosa il tempo! A volte passa troppo in fretta, altre volte invece non passa mai. Se si sta abbracciati con il proprio amore si dice che il tempo è volato, se invece si sta sotto il trapano di un dentista non vola. Il tempo dipende dagli stati d'animo! Se stai in auto e provi a guardare il semaforo in attesa che diventi verde hai l'impressione che il tempo non passi mai. Se invece dai uno sguardo al giornale che hai accanto non fai in tempo a leggere un titolo che l'automobile che ti sta dietro già comincia a suonare. Ebbene, a detta di Einstein, pare che il tempo non passi mai nello stesso modo. Tutto dipende, dice lui, dalla velocità con cui si sposta il pianeta sul quale stai vivendo. Se la galassia di Andromeda viaggia a una velocità tripla della nostra, il tempo su Andromeda passerà tre volte più lentamente. Io ora vi risparmio la formula, ma le cose stanno proprio così. Ciò detto, la prossima volta, chi vuole rivivere un pochino più a lungo deve nascere su un pianeta che gira più velocemente.

L'atletica mi affascinò a tal punto che una volta smesso di gareggiare, pur di restare nell'ambiente, ho fatto il cronometrista e a forza di partecipare alle gare ho avuto anche la soddisfazione di cronometrare Livio Berruti. Posseggo ancora una foto ricordo dove io sono il terzo dal basso. Per fare bene il cronometrista la prima regola è quella di non leggere i nomi degli atleti che partecipano alla gara. Guai a fare il tifo per uno o per un altro: si finisce sempre col seguirlo durante la corsa e con il non trovarsi pronti all'arrivo. Detto in altre parole, il vero cronometrista deve immaginare di essere lui stesso un cronometro. Il mio capo, infatti, l'ingegnere De Sortis, era severissimo: una sola distrazione bastava per non essere più convocati per il resto della vita. Io, tanto per dirne una, non potevo cronometrare le gare femminili. Questo perché il già citato De Sortis si era accorto che avevo un debole per un'atleta chiamata Rosamaria Bonanni. Rosamaria aveva un seno prorompente e lui sosteneva il principio secondo il quale il mio dito si sarebbe emozionato al passaggio dei seni di Rosamaria. De Sortis pretendeva che ci mutassimo in altrettanti cronometri. Ebbene, a quei tempi bastava guardarmi in faccia per capire che io, mai e poi mai, sarei potuto diventare un cronometro.

A scuola avevo letto il paradosso di Zenone secondo il quale un uomo, per raggiungere un luogo, deve attraversare tutti gli infiniti punti intermedi che compongono il percorso, ma per farlo deve impiegare un tempo infinito, non riuscendo così ad arrivare mai a destinazione. Stando a questo paradosso, era impossibile arrivare a correre i cento metri in dieci secondi netti, perché prima dei dieci si era costretti a passare per i nove, per gli otto e così di seguito per tutte le altre più piccole parti che compongono ogni segmento temporale. Se però avessi comunicato questi miei dubbi all'ingegner De Sortis lui mi avrebbe cacciato via immediatamente. Eravamo tutti vestiti di bianco e gli atleti ci trattavano con molto rispetto. Fare il cronometrista, però, mi aveva condizionato la vita. Qualsiasi cosa facessi avevo sempre l'impressione che durasse troppo. Se qualcuno mi diceva se aspetti un secondo vengo da te, io poi pretendevo che lui non superasse il secondo. Io mi rivedevo nei versi del poeta: "Un'ora vive la gialla farfalla e il tempo che ha le basta". Mo', a una farfalla che vive solo un'ora non puoi dire: "Aspetta cinque minuti, che adesso arrivo".

La canzone

«Qui lavorava mio padre» dico, mostrandole un negozio di abbigliamento in piazza dei Martiri.

«Mi vuoi prendere in giro: tuo padre sarà nato nell'Ottocento» ribatte Carla.

«Ti assicuro, era proprietario dell'esercizio.»

«Aspetta, forse intendi che anche lui aveva un negozio d'alta moda?»

«Sei fuori strada, ma non del tutto. Era un guantaio, sebbene quando decise di aprire l'attività, per volontà di suo padre, tutti glielo avessero sconsigliato. "De Crescé, ma sei pazzo, apri un negozio di guanti a Napoli con il caldo che fa" gli dicevano. Ma, per nostra fortuna, di lì a poco quella dei guanti divenne una moda. Se ci penso, questa scelta fu un azzardo per mio padre che era un tipo avverso alle novità. Pensa che quando ci furono le prime parate dei fascisti, in giro per la città, a lui bastava guardarli per apostrofarli con sufficienza: "Studenti!" diceva. E quella sintesi storico-sociale bastava a racchiudere in una parola un concetto preciso: i giovani sono impetuosi, ci hanno da poco trascinato in una guerra e ora, con quella curiosa formazione politica, ci porteranno allo scatafascio.»

«Mi piacciono le sintesi storico-politiche.»

«E vedi quella stradina? Si chiama vicoletto Belledonne.»

«Un bel nome. Perché me lo mostri?»

«Devo fare una premessa: a San Giorgio a Cremano hanno dedicato a Massimo Troisi quella che un tempo fu piazza Garibaldi. Quando ho appreso la notizia, ho provato un immenso piacere, in quanto non ho mai capito perché gli incaricati alla toponomastica abbiano sempre dato la precedenza ai politici. A Napoli ci sono strade bellissime intestate a perfetti sconosciuti, ma molto poche sono quelle dedicate agli artisti, come per esempio ai commediografi. Il fatto è che la commedia è sempre stata considerata un genere minore rispetto alla tragedia. Forse per colpa di Aristotele che la definiva "un'attività vile". A proposito, esiste una via Aristotele? Se non esiste, ben gli sta! Una strada, insomma, necessita di un nome che evochi lacrime e sangue, e allora dagli sotto con gli statisti e i generali, che in vita non hanno fatto altro che organizzare guerre e rivoluzioni.»

«Adesso ho capito dove vuoi arrivare» mi canzona Carla.

«Ebbene sì, lo confesso, e non è la prima volta che lo racconto a qualcuno. Anch'io vorrei che mi dedicassero una strada... il più tardi possibile, ovviamente. Potendo scegliere mi accontenterei del vicoletto Belledonne a Chiaia, dove ho vissuto felice tra il '45 e il '47. Basterebbe anche solo mezzo titolo, per esempio vicoletto De Crescenzo e Belledonne.»

«Ogni scusa è buona per pensare alle belle donne. Tutti sanno che ti sono sempre piaciute.»

«È vero, ancora oggi mi piacciono, e non ricordo più il perché. Ma, veniamo a noi, dove eravamo rimasti?»

«Parlavi di tuo padre.»

«Ecco, ce l'aveva un po' coi giovani. A conferma di questo, quando gli riferivano che la canzone delle squadracce era *Giovinezza*, sbottava: "Infatti". E, come diceva Peppino: "Ho detto tutto".»

«Peppino chi?» chiede.

«Peppino De Filippo, nel film *Totò, Peppino e la... malafemmina*. Ogni volta che vuole esprimere un concetto, recitando la parte del contadino ignorante, ripete questa battuta. E Totò lo mette in croce tutto il tempo.»

«*Malafemmena*, come fa la canzone?» mi chiede.

«Si avisse fatto a 'n ato / chello ch'e fatt' a mme / st'ommo t'avesse acciso / e vuó sapé pecché.»

«Ah, fantastica. Riesco anche a capirne il significato.»

«Per comprendere il napoletano bisogna ascoltarlo in musica, ma questi versi in particolare sono pura armonia, come se non avessero bisogno di note che li accompagnino.»

Continuiamo a passeggiare nella zona, arriviamo in fondo a Cappella Vecchia.

«E comunque» continuo, «come ti dicevo, mio padre divenne guantaio per volere di mio nonno, che lo costrinse a imparare un mestiere. Si era messo sulla strada dell'arte, voleva fare il pittore, e questo il padre non poteva tollerarlo. Fece pratica nella fabbrica dei fratelli Partito, una delle più rinomate, in qualità di apprendista guantaio tagliatore.»

«Una specie di stage, insomma.»

«Eh, diciamo. Gli stage, come li chiami tu, prima si facevano così: uno scugnizzo che non dimostrava grande vocazione per la scuola veniva preso di peso dal padre e portato in una *puteca* dove, in cambio di una pizza fritta, prestava servizio. I *'uaglioni di puteca* erano giovanissimi, anche di sei o sette anni. Ora un'associazione per i diritti umani ci monterebbe su un caso. Anche perché per loro non c'era alcun guadagno, a parte la trasmissione di un sapere manuale. Ma nessuno se ne lagnava, quello che i ragazzi portavano a casa era un avvenire.»

«Non so se rimpiangere quei tempi» dice Carla.

«Chi può dirlo. Vabbè, tra gli altri, papà aveva un collega che si chiamava Vincenzino Russo, un giovanotto di una ventina d'anni, secco come un chiodo. Mio padre diceva che era malato di tisi, una malattia diffusissima a Napoli nel primo Novecento. Una mattina che ebbe un attacco di tosse più violenta del solito, i fratelli Partito gli concessero di lavorare all'aperto per non fargli respirare i miasmi delle tinture.»

«Be', almeno venivano rispettati gli elementari diritti dell'uomo, a differenza di come accade oggi in altre culture.»

«Sono d'accordo. Tra l'altro, per lui lavorare all'aria aperta non fu proprio un problema. E sì, perché si era innamorato di una ragazza, una tale Maria, che abitava nel palazzo di fronte all'opificio. Gli abitanti della zona si abituarono ben presto a vederlo, ogni mattina, curvo sul banco, che un po' lavorava e un po' mandava poesie e dediche all'indirizzo di Maria. A sentire papà, la ragazza non si affacciò mai. E sarà per la resistenza che fomenta l'amore, sarà per l'atmosfera romantica della città, Vincenzino raffinò le sue dediche fino a trasformarle in canzoni appassionate. Un peccato per la fanciulla non rendersi conto che tramite il suo diniego si stava candidando a diventare la Maria più famosa del mondo, eccezion fatta per la Madonna. Vincenzo Russo, infatti, è passato alla storia come paroliere, e tra le sue canzoni la più celebre è proprio *Oj Marì.*»

Carla prende a fischiettare il brano. Io non sono stato mai capace di fischiare. Per non parlare del fischio con le dita, quello forte, alla pecorara. Da ragazzi ti faceva guadagnare i galloni di leader, un fischio ben assestato. Ma hai voglia a spremerti, e passare tutto il giorno con le mani in bocca: niente. Per certe cose bisogna essere portati.

«E qual è la tua canzone napoletana preferita?» chiede.

«Buon argomento. Una è considerata, unanimemente, la più bella del mondo, al di là del genere. La scrisse un poeta vero, Salvatore Di Giacomo, si chiama *Era de maggio.*»

«La adoro! Ne ho sentita una versione fatta da Battiato, è meravigliosa.»

Ci avviamo verso il mare, dalla discesa di via Calabritto, una delle strade più chic di Napoli.

«Intanto a me piace anche la musica moderna» riprendo mentre passeggiamo. «Tra le napoletane forse la migliore è *Carmela,* di Sergio Bruni, metà anni Settanta. Fu un successo e me lo spiego facilmente. Ha un movimento, per così dire, cinematografico. È ambientata in un vicolo buio, atmosfera tenebrosa, uno scenario cupo. All'improvviso appare Carmela, donna bella e irraggiungibile. All'innamorato non resta che invocarla senza speranza.»

Ci affacciamo sul mare a ridosso della Colonna spezzata,

su via Caracciolo dalle parti della Villa comunale. Mi piace quel curioso monumento a metà: fa venire in mente la grandezza e la decadenza, unite in un sol colpo. Mio padre mi raccontava che era dedicato ai caduti del mare.

«Anche se» riprende Carla, «ancora non ho compreso qual è la canzone del cuore dell'ingegner De Crescenzo.»

«Non è facile. Mi hanno sempre atterrito le domande così poste. Il film, il libro, l'attrice più bella. Bisognerebbe avere delle hit parade in tasca, pronte per l'uso. Anche se, ogni volta che decidi di avere quella definitiva spuntano fuori altri nomi, che in quel momento sembrano migliori. Dipende dallo stato d'animo, credo.»

«E allora?»

«Ora me ne fai venire in mente una spassosa. Si chiama proprio *E allora*, fa parte di quel genere detto "canzone di giacca", molto in voga nella prima metà del secolo. Canzoncine equivoche, allusive senza essere volgari, classiche della cosiddetta "posteggia", ovvero l'attività di suonatori squattrinati che allietavano, e qualche volta ancora adesso allietano, i pranzi delle trattorie per turisti. Alcune erano autentici capolavori, come *Cosimo Pellecchia, La pansé, La donna riccia, T'è piaciuta* e compagnia sfottente. *E allora* racconta di un mancato incontro galante tra un napoletano e una forestiera dai facili costumi, che in realtà lo seduce per farsi pagare la vacanza. A ogni cambio di strofa, che si conclude in rima con "ora", il musicista chiede al pubblico di ripetere il refrain: "e allora...?". L'avrò sentita eseguire mille volte, non una in cui gli spettatori non si divertissero a replicare il ritornello.»

«Tu sei un artista del prendere tempo. Sto aspettando.»

«Mi sa che in finale ci arrivano *Indifferentemente* e *Voce 'e notte.* Ma, almeno per me, lo scudetto è vinto da quest'ultima.»

«Non la conosco, me la puoi descrivere come hai fatto con le altre?»

«E qua ci vorrebbe una competenza che non ho. Farò a modo mio. Ecco, quello che mi colpisce del brano è l'esempio completo di narrazione. C'è dentro uno spettacolo teatrale intero. Il testo è costruito come un copione che dà voce ai personaggi centrali della sceneggiata: *iss, essa* e *'o malamente,* anche se in un modo che definire raffinato è poco.»

Mi fermo davanti a lei, qua ci vuole suspense e ambientazione.

«Immagina un uomo abbandonato da una donna che ha sposato, nel frattempo, un altro. All'uomo rimasto solo non resta che la propria voce, della quale si immagina la donna fosse un tempo rapita. L'uomo immagina che quella voce serva oggi a tormentarla di rimpianti, ma con un meccanismo subliminale: evocare il passato, facendo finta di assolverla. Mostrarle che ormai non si può fare più niente per la loro storia, e perciò non vale la pena sconvolgere quella attuale.»

Prendo ancora tempo, mi diverto un mondo, prima di inerpicarmi in una improbabile traduzione. «Perciò, nelle prime strofe lui le raccomanda: se questa voce ti sveglia di notte, mentre ti stringi al tuo sposo vicino, resta pure sveglia, se lo credi, ma fagli pensare che sei in un sonno profondo. Non ti alzare, non accorrere alla finestra per capire di chi è quella voce, tanto la conosci perfettamente: è la stessa voce di quando eravamo ancora sconosciuti e, timidi, ci davamo del voi. Guarda, il passaggio in cui viene detto questo è di un napoletano inarrivabile: "*È 'a stessa voce 'e quanno tutt'e duje, scurnuse, nce parlàvamo cu 'o vvuje*". Mi viene da piangere solo a pensarci.»

«Allora lo hai un cuore, signor filosofo.»

«Ma se sono un inguaribile romantico, e questo probabilmente perché sono nato in casa! Comunque, riassumendo la seconda strofa, che forse è la meno romantica, le consiglia, qualora questa voce le stesse smuovendo la passione, di consumarla con l'attuale compagno. Sarcastico fino in fondo. Finché, nella terza strofa, conosce l'apice la drammatizzazione che ti dicevo: inscena un possibile dialogo tra la donna e lo sposo. Per tranquillizzare il marito ormai sveglio le suggerisce di dissimulare, e riferirgli che quella voce sarà di un poveruomo in pena per aver perso un amore. Là dove si compie il capolavoro è nella risposta di lui, lo sposo ignaro. Il suo ruolo di vittorioso in amore lo porta a schernire lo sconosciuto dalla voce dolente: "*Starrà chiagnenno quacche 'nfamità. Canta isso sulo: ma che canta a ffà?!*", che, credo, non necessiti di traduzione.»

Carla applaude, soddisfatta.

«Grazie, grazie» faccio, inchinandomi e ridacchiando. Mentre di sicuro qualcuno mi osserva e pensa: "Ride da solo, ma che ride *a ffà?!*".

SONO NATO IN CASA

Dovete sapere che ogni canzone napoletana mi ricorda un periodo, o addirittura un episodio della mia vita. Uno dei miei desideri, infatti, è quello di scrivere un libro sui brani a me più cari, una specie di autobiografia raccontata attraverso la canzone napoletana. Un giorno o l'altro la scriverò, è una promessa. Ho sempre pensato che nella vita sarebbe utile essere accompagnati da un sottofondo musicale, che ti avvisi in tempo dei pericoli che stai per correre, o magari dei momenti in cui sei sul punto di innamorarti. Per i pericoli sarebbe sufficiente un urlo, per l'amore, invece, penserei a un suono più delicato, come per esempio quello di un violino.

Ebbene, la mia sensazione è un po' questa. Sia chiaro, la musica non mi ha mai avvisato di nulla, ma mi ha sempre accompagnato in qualsiasi momento. Ancora oggi quando ascolto una canzone, magari un brano del passato a cui sono particolarmente affezionato, mi ritornano tutti i ricordi belli o brutti della mia vita. Ma non basta. A volte, anche se potrà sembrare strano, riaffiorano persino gli odori: il ragù di mamma, la genovese di zio Alberto, la frittata di maccheroni che mia sorella preparava prima di scendere al mare. Ai miei tempi non c'erano le discoteche, ma si andava nelle sale da ballo con tanto di gruppo di orchestrali, rigorosamente vestiti di tutto punto, sempre molto eleganti. Le coppie si disponevano al centro della sala e danzavano mentre si scambiavano sguardi languidi e timidi sorrisi. Lo so che può sembrare strano, ma tutti avevano la faccia sorridente. E volete sapere perché? Ecco, in merito a questa tendenza a sorridere ho una mia teoria ben precisa. In passato, infatti, la gente nasceva in casa, non come adesso. Oggi la maggior parte delle donne preferisce partorire in clinica, o al massimo in ospedale. Certo, non voglio mettere in discussione che sia più sicuro fare così, ma guardateli in faccia i giovani del nostro tempo, quando ballano hanno spesso una faccia sofferta, come se avessero passato chissà quale guaio. Se non mi credete, provate ad andare in una discoteca. Con questo non voglio insinuare che sia colpa loro, tutt'altro. La colpa è da attribuire al luogo in cui sono nati. Quelli, i giovani d'oggi, la prima cosa che hanno visto nella vita è stata una flebo o il camice bianco di un'infermiera. Volete mettere, invece, com'era bello nascere in casa? Quando sono nato io la prima cosa che ho visto sono stati i volti dei miei zii. Erano tutti lì intorno a me, mi sorridevano e mi mandavano i bacetti. Ovviamente, non è che abbia un ricordo nitido di quel momento, mi affido ai racconti di mia madre. Anche se, considerata la passione che nutro nei confronti della canzone napoletana, potrei quasi giurare che la mia nascita sia stata accompagnata da un sottofondo musicale. Diciamo la verità, era tutta un'altra cosa. Mi hanno sempre fatto ridere quelli che credono nell'astrologia. Quella loro assurda convinzione che, al momento del parto, sia il quadro astrale a forgiare il carattere di un individuo. Ma quale astrologia! Sono gli zii e i genitori a formare il carattere, non i segni zodiacali. Certo, non nego che bisogna essere anche fortunati, perché le famiglie non si scelgono.

Io lo sono stato. I miei parenti erano tutte persone di animo gentile. Non si perdeva tempo in inutili invidie. Ci si voleva bene, perché il bene era l'unica cosa di cui né la guerra né altre avversità erano riuscite a privarci.

Insomma, tirando le somme, si era più felici una volta o adesso?

Dite quello che volete, ma ai miei tempi, gli amori erano amori, e anche le parole delle canzoni erano più belle e più vere. O almeno, io la penso così! Come ci si amava sessant'anni fa non se ne ha nemmeno l'idea. Oggi, i ragazzi non fanno a tempo a conoscersi che subito si ritrovano a letto insieme. Una volta invece esisteva un importante momento di passaggio: il corteggiamento. Non era facile che una ragazza cedesse alle nostre lusinghe, la sua attenzione bisognava guadagnarsela bilanciando discrezione e una buona dose di galanteria. Il solo pensarci mi suscita un po' di nostalgia. Questo perché le emozioni che ho vissuto non sono sparite, si sono solo addormentate in fondo all'anima. Sono lì che aspettano, e a volte basta una vecchia canzone, il profumo di una rosa o una fotografia per farle ridestare.

Provate a ballare a occhi chiusi, sulle note di una vecchia canzone, e ve ne accorgerete.

L'arte

Usciamo dai Quartieri Spagnoli, superiamo il caffè Gambrinus e si apre davanti a noi piazza del Plebiscito.

«Questa è piazza del Plebiscito» esclamo.

«Che meraviglia, non immaginavo fosse così grande.»

La piazza, fortunatamente da tempo sgombra di auto, è delimitata da un lato da Palazzo Reale e, dall'altro, dal colonnato di San Francesco di Paola.

«Ora facciamo un gioco. Le vedi quelle due statue equestri, davanti alla chiesa?» chiedo a Carla.

«Certo, sono enormi.»

«Quanto spazio ci sarà tra loro?»

«Cento, duecento metri? Parecchio, comunque» dice lei, riparandosi con una mano gli occhi dalla luce per calcolare la distanza.

«Ecco, scommetto che se io ti bendassi gli occhi e ti facessi partire da Palazzo Reale non riusciresti a passare in mezzo alle statue.»

«Mi hai preso per un'idiota? C'è uno spazio immenso.»

«Provaci» propongo. «Si dice che porterà fortuna a chi ci riesce.»

Esiste un vero e proprio repertorio di percorsi e costumi da propinare alle straniere per fare colpo. Pur non avendo la stessa esigenza, non riesco a resistere e le faccio fare il gioco dei due cavalli: le metto il suo foulard attorno gli occhi e la conduco per mano. Quello dei due cavalli è il gioco con cui di solito i ragazzi di Napoli intrattengono le turiste.

«Allora, adesso io seguirò i tuoi passi. Ti sto a fianco per non farti urtare contro la gente» dico.

«Ma non ti preoccupare, non urto nessuno. Al massimo impiegheremo due minuti.»

Ne passano dieci.

«Allora, siamo arrivati?» dice lei.

«Dipende dove.»

Le tolgo la benda. Ci troviamo, praticamente, un'altra volta verso il Palazzo Reale. Senza accorgersene Carla ha compiuto un semicerchio.

«Ma com'è possibile? Ho camminato sempre dritto!»

«Colpa del selciato della piazza, è talmente sconnesso da sviarti. Se non fossi stato al tuo fianco saresti andata a sbattere contro don Carlo.»

«E chi sarebbe? Un altro tuo amico» mi *sfrocolea*.

«Vabbè che non sono un giovanotto, ma se fossi amico di Carlo di Borbone dovrei avere, a occhio e croce, tra i due e i trecento anni. Vedi, sulle nicchie della facciata sono inserite le statue dei sovrani di Napoli: Ruggero il Normanno, Federico II di Svevia anche detto *stupor mundi*, Carlo I d'Angiò, Alfonso I d'Aragona, Carlo V d'Asburgo, Carlo III, la cui effigie stavi per conoscere da vicino, il napoleonico Gioacchino Murat e Vittorio Emanuele II di Savoia, primo re dell'Italia unita.»

«Ma scusa, perché Carlo III viene dopo Carlo V? C'è un errore di conto, mi sa.»

«In realtà, lui sarebbe stato VII, appunto, di Borbone; ma come sovrano di Spagna si impose il numero tre. D'altra parte fu un re dall'ego piuttosto sviluppato, mezza Napoli è edificata in ossequio alle sue manie di grandezza. Opere meravigliose, tra l'altro: la Reggia di Capodimonte, l'Albergo dei Poveri, per non parlare del Teatro San Carlo. Forse tra i più belli al mondo. Vieni, sta qua dietro. Te lo voglio mostrare.»

Entriamo nel teatro. C'è un viavai di addetti alle pulizie e qualche attore in pausa dalle prove. Voglio tentare di mostrarle le quinte, è il posto più interessante. Un signore con un cartellino appuntato sulla giacca mi avvicina.

«L'ingegner De Crescenzo al San Carlo!»

«Salve, mi sono intrufolato per mostrare alla mia amica la bellezza di questo posto. Mica possiamo farci un giro?»

«Ma qua state a casa vostra. Un onore, per noi.»

«Che esagerazione!» rispondo io.

«Non vi preoccupate, io sono Vincenzo, uno dei custodi. Dopo me lo fate un autografo? Quella, mia moglie, se sa che vi ho incontrato e non le porto niente mi leva la cena. *Ma comm'è 'o fatto d'o cavalluccio rosso?*» mi domanda ridacchiando. Sta accennando a una famosa battuta di un mio film.

«Era il genetliaco di mio nipote Geppino» recito io, per compiacerlo. Neanche inizio che quello si scompiscia.

«Uh, mi fate venire le convulsioni.»

E grazie a Vincenzo ci avviamo sulle scale. Dopo esserci aggirati per i palchetti ci affacciamo in sala. Carla è rapita dall'armonia di luci, stoffe, dipinti. Poi ci dirigiamo sul palcoscenico. Le mostro l'altezza del retro.

«Ma sarà quanto un palazzo!» esclama, meravigliata. «Quando guardi uno spettacolo non te ne rendi conto. Una magia. Come mai non hai mai provato a cimentarti col teatro, con l'opera?»

«Forse non mi sono sentito all'altezza. Per fare teatro devi avere il fuoco sacro. E comunque l'ho fatto, a mio modo.»

«A cosa ti riferisci?»

«Ho scritto un libro, negli anni Novanta, che fu considerato un'eccezione nella mia produzione. Si chiama *Croce e delizia*. Per la prima volta lasciai da parte Napoli, filosofia e miti greci per misurarmi con il romanzo d'amore. Ma avevo bisogno di un nume tutelare e lo trovai in Giuseppe Verdi. Conosci una storia d'amore più struggente della *Traviata*?»

Carla sorride. Intanto stiamo camminando, lentamente, sul palco.

«Non so se lo sai, ma questa storia ha vari padri. Verdi, nello scrivere l'opera, prese spunto da *La signora delle camelie* di Alexandre Dumas, il romanzo ispirato dalla vicenda reale di Marie Duplessis, cortigiana legata da passione tormentata ad Agénor de Gramont, il rampollo di una famiglia illustre. La donna morì poco dopo a causa di una grave malattia.»

«Come se la creatività avesse comunque bisogno dell'esperienza di vita» ribatte Carla.

«Ebbene, per questa incursione nella lirica avevo bisogno di un "cavallo di Troia": la storia di una sarta di scena che lavora a Parigi, sul set di una versione televisiva della *Traviata*. Rosa Grieco, sartina tuttofare, interpretata dalla bravissima Marina Confalone, si convince un po' alla volta di essere la reincarnazione della romantica protagonista del melodramma verdiano, Violetta, e si innamora del primo attore Alberto Sanna, che veste i panni di Alfredo, interpretato da Teo Teocoli. Insomma, una storia nella storia.»

«Certo che quando si confondono vita e arte sono guai.»

Raggiungiamo il proscenio: da lì si ha un'idea della struttura del golfo mistico, dove si mettono i musicisti.

«Eppure, a ben vedere, l'esperienza di vita è una somma più lunga di avvenimenti, ma questa è solo una mia opinione» aggiungo, guardando verso il basso.

«E Verdi?»

«Anche lui confuse biografia e rappresentazione. Il compositore, già famoso, vive una relazione non ufficiale con Giuseppina Strepponi, sebbene il padre di lei la avversi. I due amanti si rifugiano a Parigi e assistono alla rappresentazione teatrale della storia di Marguerite Gautier e Armand Duval, gli eroi di Dumas. È l'illuminazione: Verdi, ispirato, decide che quello diventerà il soggetto della sua prossima opera. Rifinisce la trama, mantenendo l'omaggio floreale alla protagonista. Così la Margherita si trasfigura nella Violetta, a sottolineare la natura effimera del personaggio. Il sigillo di questo cerchio, chissà se virtuoso, sarà la camelia che lei regala ad Alfredo.»

«Che storia appassionata, per questo anche tu hai chiamato il tuo personaggio Rosa?»

«Vedo che hai colto il filo sottile che lega le tre protagoniste. Dumas e Verdi si rincorrono, senza saperlo, nelle trame vivissime della passione contrastata: quella osservata da Dumas, e quella direttamente vissuta da Verdi.»

«Incredibile vivere e poi trasporre, anzi tu diresti... sublimare nell'arte.»

«Forse è sempre così. I francesi si sono arrovellati sulla faccenda, da Sainte-Beuve a Proust. Il primo pensava che la biografia di un autore fosse il motore e il carburante della sua arte; mentre Proust era convinto che non si sarebbe andati lontano se si lasciavano combaciare esistenza e creazione. Secondo Proust, l'io che vive e l'io che scrive sono parallele che non s'incontrano mai. Vedi, Carla, io mi sento più vicino a Sainte-Beuve, perché l'arte è sempre generata da carne e sangue, sempre e comunque, perfino quando il prodotto finale sembra metafisico, trascendente, inverosimile o astratto.»

Prendiamo la via d'uscita.

«Questo teatro è davvero meraviglioso» evidenzia Carla. «Ogni città dovrebbe averne uno simile.»

«Sono pienamente d'accordo con te» rispondo, mentre imbocchiamo le scale che ci portano all'uscita «Sai, molto spesso, teatri come questo si trovano ad affrontare momenti di grande crisi dovuti alla mancanza di fondi e, in alcuni casi, rischiano di vedere calare il sipario in maniera definitiva. Forse perché non ci rendiamo conto che la vera povertà è rappresentata dall'ignoranza, in quanto a stabilire le differenze sociali non sono i soldi, ma la cultura che si ha e quella che non si ha. Come diceva Seneca: "Più terribile della morte è la vita", soprattutto se non puoi godere delle bellezze che ci regala l'arte, come un concerto, uno spettacolo teatrale o un buon libro, aggiungo io. Mo' usciamo, dobbiamo vedere ancora tante cose.»

«Signor De Crescenzo, l'autografo!» mi fa Vincenzo, rincorrendomi.

«Scusate, mi era uscito di mente. Sapete, 'sto teatro ti rapisce.»

«E quanto è bravo, l'ingegnere, sempre a fare il filosofo. *Ma comm'è 'o fatto d'o cavalluccio?*»

«All'assicurazione mi schifano. Sapete cosa mi hanno detto, l'ultima volta? Ma voi la radio in macchina la dovete sentire per forza?» declamo sempre citando il passaggio di *Così parlò Bellavista* cui il custode deve essere evidentemente legatissimo. La mia amica, senza farsi vedere, sta morendo dalle risate.

Siamo in strada. La luce ci acceca, il fascino del teatro e della *Traviata* ci aveva trascinato fuori dal tempo. Carla è pensosa.

«Tu da che parte stai?» mi chiede.

«Sono originario di Santa Lucia, ma ora vivo a Roma» ironizzo.

«E dài, non scherzare. Dicevo, tra esperienza e immaginario, quando scrivi da dove attingi?»

«Non sono troppo titolato a parlarne. Ho sperimentato un po' di tutto, come sai. Non so se tra il professor Bellavista, il pensiero mistico medievale, la rivisitazione della guerra di Troia e il maestro Verdi ci sia un filo. Non riuscirei a dire se il racconto di storie tanto lontane sia frutto della mia fantasia o della mia esperienza, o addirittura derivi dal giusto equilibrio tra le due.»

«Forse sei proprio tu» dice Carla.

«In che senso?»

«Sei tu a costituire il raccordo tra queste suggestioni, apparentemente così diverse. La tua fame di cultura e arte, il tuo eclettismo, il passare da un ramo all'altro del sapere con tanta abilità.»

«Chissà» dico, mentre imbocchiamo la galleria Umberto. «Eppure vorrei che di me si dicesse che sono uno scaletto a tre gradini.»

«Uno scaletto?»

«Sì, di quelli usati per prendere i libri che sono più "in alto"...»

LE CASE TRAVIATE

Per chi non lo sapesse, Violetta Valéry, l'eroina della *Traviata* di Giuseppe Verdi, era una cortigiana, ovvero, una donna di mondo, di liberi costumi. Insomma, una prostituta. Anche se, pensandoci bene, volendo usare un termine più contemporaneo, qualcuno probabilmente oggi la definirebbe una escort.

A essere sincero, non ho mai capito perché il sesso venga giudicato un peccato. A mio modo di vedere, infatti, quando c'è il consenso di entrambe le parti dovrebbe essere considerato un fatto positivo. Ma che dico positivo? Diciamo molto positivo. Probabilmente, a spargere paure e tabù, sull'argomento, devono essere stati quelli della Chiesa che, non potendo praticarlo, hanno fatto in modo che anche gli altri lo facessero il meno possibile. Lo dico a ragion veduta: io, proprio per colpa di un prete, e per la precisione don Attanasio, l'ho fatto molto meno di quanto avrei voluto. Ho cominciato con i cosiddetti "casini" e ho finito con lo scriverci addirittura un libro, che la gente conosce col titolo di *Vita di Luciano De Crescenzo scritta da lui medesimo* ma che io avrei voluto chiamare *Case chiuse,* ma alla Mondadori il titolo non piaceva. Perché poi si chiamassero "chiuse" non l'ho mai capito, dal momento che erano "aperte" a tutti, dai diciotto ai novanta e a volte, come nel mio caso, anche ai ragazzi di sedici anni. Una sera, ci trovai perfino il mio professore di ginnastica e io feci appena in tempo a nascondermi in una toilette perché lui non mi vedesse. Tra le case che ho frequentato, la più bella di Napoli si trovava in via Nardones, all'angolo con piazza Trieste e Trento. Durante gli anni dell'università, invece, mi dirottai verso la Pensione Gianna. Iniziai a frequentarla a causa di un mio compagno di studi, Agostino Belluscio. Uno dei particolari che caratterizzavano Agostino era la cascata di riccioli che gli incorniciava il volto e che gli aveva fatto guadagnare il nomignolo di "Bambolotto".

Bambolotto nutriva un'avversione per la chimica, anzi, forse è meglio dire che la chimica era avversa a Bambolotto, al punto tale che, per quanti tentativi avesse fatto, non era riuscito a superare per ben cinque volte l'esame previsto dal nostro piano di studi. Ogni mattina, pertanto, ci incontravamo alla Pensione Gianna e studiavamo fino all'ora di pranzo. La signora Gianna ci consentiva di studiare lì giacché sia io sia Bambolotto le tenevamo in ordine la contabilità della casa. Ricordo ancora il silenzio che regnava in quelle ore del mattino, che a tutto faceva pensare tranne che a un "casino". Fu alla Pensione Gianna che conobbi Ernestina, quella che poi divenne la mia fidanzata. Inizialmente il rapporto tra me ed Ernestina era basato sul baratto: Ernestina mi insegnava a fare l'amore e io la ripagavo insegnandole a scrivere, affinché potesse inviare un paio di volte al mese una lettera a sua madre, che viveva in una provincia veneta. Ecco, è vero che oggi il sesso non lo pratico più perché, a causa dell'età, non sono più, per così dire, "all'altezza", ma tutto quello che conosco in materia lo devo a Ernestina, perché probabilmente senza di lei sarei ancora alle prime armi.

Ora, per quanto mi possa ricordare, le case chiuse funzionavano più o meno così: a pianoterra c'era un vano dove si entrava e si pagava un piccolo anticipo, anche detto marca o "marchetta"; dopodiché si saliva al primo piano e qui, in un grande salone, si vedevano sfilare tutte le "signorine". Posseggo ancora un prezzario anni Trenta delle cosiddette "case". Ecco qui, di seguito, lira più lira meno:

Alla buona: £ 1,10
Doppietta: £ 2
Saponetta naturale: 5 centesimi
Acqua di colonia: 25 centesimi
La svelta: £ 1,10

Ai militari veniva applicato uno sconto del 50 per cento, e c'erano agevolazioni per i giovanotti di primo pelo.

Inoltre non era difficile trovare avvisi, rigorosamente firmati dalla madama della casa, di questo tipo:

AVVISO

GIOVANOTTI!
Le signorine lavorano!
SI RACCOMANDA
di non intrattenerle con
le bagatelle inutili!
I prezzi del tariffario
tanto non si cambiano

La camera dove per la prima volta, invece, incontrai Adriana aveva, proprio di fronte al letto, un dipinto della Madonna che purtroppo, ora che ci penso, ha assistito a tutto quello che ho fatto. Racconto queste cose ovviamente con grande nostalgia: ci fossero ancora ci andrei subito e non per consumare, beninteso, ma solo per scambiare due chiacchiere davanti a un caffè. Sempre a proposito di Adriana ricordo quanto fosse affettuosa; che ci crediate o meno, a me lei voleva proprio bene. Ogni volta che la incontravo per strada aveva voglia di parlare e mi chiedeva di mia madre, di mia sorella e dei miei studi, ed era felice di sapere che tutto procedeva per il meglio. Insomma, ora non so come dire, ma Adriana per me non era una prostituta, ma un'amica, e io in quanto tale le volevo davvero bene. A volte poi mi chiedo: chissà, la vita è così strana, vuoi vedere che se io, invece di sposare mia moglie, mi fossi sposato Adriana oggi sarei più felice?

A parte queste stupidaggini... Le prostitute dei miei tempi vivevano molto meglio di quelle dei nostri giorni (escort escluse, da quello che mi ritrovo a leggere dalla cronaca). Lavoravano, infatti, in casa, erano protette e facevano una vita rispettabile. E non a caso dico rispettabile, in quanto erano rispettate da tutti e in particolare dallo Stato: avevano la cameriera personale che serviva loro anche il caffè a letto, poi c'era la "cameriera di piano", che riordinava le camere, disinfettandole. Tutte, inoltre, dovevano sottoporsi periodicamente a controlli medici.

Poi, purtroppo per loro, arrivò una certa senatrice Merlin con l'accento sulla "i", che Dio la perdoni, una deputata che immagino democristiana, e che chiuse "le case chiuse" gettando tutte le signorine in mezzo alla strada. E non basta: oggi in Italia, incredibile a dirsi, la prostituzione è considerata una specie di reato, quando invece in molti casi le prostitute svolgono un servizio di supporto psicologico che potrebbe far impallidire i migliori professionisti del settore. Forse penserete: "Ecco qua, De Crescenzo si è *scemunito*", ma io certe cose le sostengo con cognizione di causa. Dovete sapere, infatti, che la fine del mio matrimonio ha rappresentato per me un grande dolore, e l'unica donna che è riuscita a risollevarmi è stata proprio una prostituta. Ora, non siate maliziosi, mi riferisco al morale, non pensate subito male. La signorina in questione veniva chiamata "La maestrina", perché oltre a un abbigliamento distinto portava anche gli occhiali. La vedevo ogni giorno in via Partenope, seduta ai tavolini del bar Caflisch, mentre mi incamminavo verso la sede dell'IBM. Un giorno in cui il dolore per la separazione da mia moglie era più acuto del solito, mi feci coraggio e le chiesi se volesse farmi un po' di compagnia. Potete immaginare il mio stupore quando lei rifiutò, non perché fossi brutto o perché avessi assunto un atteggiamento da pidocchioso tirando sul prezzo; no, semplicemente perché la sua politica era di offrire i suoi servigi solo agli uomini che non conosceva, e io, non solo ero una faccia a lei nota, ma in più occasioni mi aveva visto in compagnia di mia moglie e di mia figlia. Quando le raccontai che purtroppo il mio matrimonio era finito, mi chiese di andare a mangiare una pizza insieme. Io accettai, del resto, chi di voi non avrebbe fatto lo stesso? Decidemmo di uscire anche le sere a venire, e durante i nostri incontri lei ascoltava i miei sfoghi di uomo ferito, proprio come se fosse una psicologa vera. Fu proprio grazie ai suoi utili consigli che riuscii a superare quel periodo difficile, e ancora oggi ogni tanto mi capita di ripensare alla pizzeria dietro Cappella Vecchia che ospitava i nostri incontri.

Recentemente ho scoperto che a Napoli hanno organizzato un percorso guidato tra quelle che furono le più rinomate case di piacere della città. Due, su tutte, sono le case chiuse che avrei voglia di rivedere: La Suprema, che era situata nella salita di Sant'Anna di Palazzo, e Le Tre Vecchiarelle nel quartiere Montesanto, la casa che veniva prescelta dai giovani che non disponevano di grandi somme e che non si formalizzavano nel ritrovarsi di fronte a delle signore per così dire attempate. Mi ripropongo di partecipare a questo tour, non fosse altro per il gusto di gironzolare indisturbato tra le stanze che hanno regalato momenti di felicità a molti uomini, me compreso.

Il gioco

Mi è venuta voglia di raccontare a Carla qualcosa sul gioco: non è possibile portarla in giro per Napoli, aprirla alla sua cultura senza che conosca questa fondamentale affezione della mia gente. Ah, voglio precisarlo: non sono mai stato un grande giocatore. A me, piuttosto, sarà capitato qualche volta di provare delle puntate, magari con un amico, per farci due risate immaginando come spendere la vincita ipotetica. Mi ricordo che una volta sognai di pesarmi, e notai che sulla bilancia uscì la cifra di 102,7. Non ero mai stato così grasso! Dopo lo spavento, ragionai: le cifre dopo il novanta non si possono giocare. Sennò faccio come Totò in *Miseria e nobiltà*: "Principessa morta fa 92 e sono guai, non potete neanche giocarvela". Così, dopo aver scomposto la cifra vennero fuori 1, 10 e 27. Chiaramente non uscirono. Qualcuno mi suggerì di interpretarle con peso, paura e meraviglia. Non uscirono neanche quelle, così mi scocciai e non se ne fece più niente. Per certe cose bisogna essere portati e io, sarà stata la fortuna di avere un discreto agio o l'assenza del demone del gioco, non mi sono mai fatto prendere. Eppure ho studiato il fenomeno, specie ai tempi di *Così parlò Bellavista*. Ma con un criterio, per così dire, antropologico.

Arriviamo nella zona compresa tra Rua Catalana, via Mezzocannone e Spaccanapoli; qui a un certo punto fu fissata la sede cittadina del Lotto, che inizialmente era alla Pignasecca.

«Spaccanapoli, lo capisci già dal nome, è l'arteria che taglia in due il centro storico della città, ricalcando il percorso dell'antico Decumano inferiore» dico.

«Ah, quello perpendicolare al Cardo.» Carla mostra di essere preparata sugli assetti viari romani che collegano la città.

«Precisamente» taglio corto. «Ecco, in questa area i miei concittadini hanno consumato sogni, speranze e delusioni sul gioco del Lotto.»

«Immagino sia nato a Napoli» dice lei.

«Ti sbagli: a tutti sembra così perché abbiamo la smorfia e ogni volta che c'è un avvenimento politico o sportivo la televisione si collega con Napoli e chiede che numeri giocherà la gente. Eppure nasce al Nord alla fine del Cinquecento. Da noi arriverà ufficialmente solo a metà Seicento, con ben un secolo di ritardo su Genova e Venezia, in un posto dove la miseria e un diffuso senso del magico creano le condizioni ideali per credere ai miracoli della fortuna. Comunque, in quanto ingegnere, ne faccio un problema statistico.»

«Così tu saresti scettico?»

«Dimmi una cosa: quanti premi bandiscono le ditte di tutta Italia, ogni anno? Che ne so, con in palio un'auto, una vacanza alle Maldive o un computer di ultima generazione?»

«Forse migliaia?»

«Bene, e hai mai conosciuto qualcuno che ha vinto?»

«Mai, effettivamente.»

«E nel tuo caso sarebbe comprensibile, dato che sei giovane. Dunque, hai avuto meno possibilità di conoscere persone e poi, fortunatamente, tra i ragazzi si parla meno di queste fesserie. Ma immagina quanta gente ho conosciuto io, quanti posti ho girato e in quante situazioni mi sono imbattuto. Ebbene, il risultato è lo stesso: non ho mai saputo di una vincita che fosse una. Ora, uno che prende cinquanta milioni al SuperEnalotto magari non lo viene a raccontare a me, ma se ti capita di vincere una macchina, o un viaggio ai Mondiali, che male ci sarebbe a dire: "Dottó, che soddisfazione. Quest'anno mi porto la famiglia in Brasile a vedere l'Italia, ho vinto il posto con una scatola di brillantina Linetti!".»

«Eppure tu hai fortuna, dovresti giocare.»

«No, mi ritengo fortunato proprio perché non ho mai preso il vizio. Il mio amico Ottavio Missoni era solito dire: "Credo che la fortuna vada aiutata. Per esempio, non ho mai perso al gioco, ma non ho neanche mai giocato". Per me è impossibile vincere. Oppure è quasi impossibile, ma le quote di probabilità sono irrilevanti. Si gioca per altri motivi.»

«Ovvero?»

«Per sperare, e lo sfizio sta tutto là. Anzi, avere tanti soldi in un colpo solo per la maggior parte delle persone potrebbe essere un problema: bisogna essere tagliati, per fare i milionari. Immaginati un poco se in un basso, dove si dorme in quindici in una stanza, arrivassero, *bello e buono,* i milioni di euro. All'inizio, certo, nell'euforia della novità, si procederebbe ad acquisti folli, cominciando dalla casa. Una casa di quindici stanze. Questa famiglia prima così unita sarebbe costretta alla diaspora: sono convinto che dopo una o due notti si ritroverebbero tutti nella stessa camera, scommetto in quella dei genitori, immediatamente nostalgici dell'antica scomodità.»

Camminando per via San Biagio dei Librai notiamo smorfie e tombole sparse ovunque.

«Con questo non voglio sminuire il valore culturale del Lotto e dei numeri qui da noi. Pensa che era nato per dare delle doti a novanta ragazze povere in vista del matrimonio, che venivano chiamate *bonafficiate,* ovvero beneficiate. La prima estrazione avvenne il 24 aprile 1657 e, per la cronaca, uscirono 18, 36, 41, 46 e 70.»

«Ma come fai a ricordarti i numeri?»

«Da noi sono come i re di Roma. A proposito, quali erano?»

«Romolo, Numa Pompilio..., uhm, Tullio Ostilio..., Tarquinio Prisco, Servio Tullio e Tarquinio il Superbo» dice, quasi col fiatone.

«Ne manca uno.»
«Vero. Ma ci rinuncio, non mi verrà mai.»
«Anco Marzio. Ma perché tutti si scordano di quel poveretto di Anco Marzio?»
«Perché ha il nome più inutile» argomenta Carla. «Romolo lo devi per forza ricordare, su Numa si facevano battutacce, poi gli altri ti vengono per assonanza: Tullio è ostile e somiglia all'altro, il servo, che sta tra i due Tarquini, di cui il primo è più difficile perché Prisco non ha senso, ma lo colleghi all'ultimo, quello cattivo, il superbo, che è apparentato per perfidia con quello ostile.»
«Fila perfettamente» dico.
«Già» si compiace lei.
«Tipo per le montagne: MaConGranPenaLeReCaGiù.»
«Eh?»
«Anche noi avevamo le tecniche mnemoniche. Questa serviva a ricordare, al cospetto della professoressa di geografia, l'ordine dei nomi delle Alpi: Marittime, Cozie, Graie, Pennine, Lepontine, Retiche, Carniche e Giulie. Me la ricordo ancora, la Gargiulo, una furia fissata con le nozioni. Era l'insegnamento di una volta, severo e bacchettone. Però, vedi?, ricordo ancora le cose» dico, titubante.
Perché se dovessi pensare a cosa serve sapere tutti i nomi delle Alpi non ne verrei a capo. Ma noi avevamo certi insegnanti terribili. Una su tutti, la mitica e famigerata Girosi, di storia dell'arte. Una capace di interrogarti anche tutti i giorni e di compromettere la tua promozione per la sua materia. Una volta sbagliai il nome di Cimabue, il maestro di Giotto. Dissi Ligabue, e non c'era alcun riferimento al cantante, che probabilmente neppure era in *mente dei*; no, si trattava di un tal Antonio Ligabue, discreto pittore a noi contemporaneo. Lei mi cacciò fuori dall'aula, avevo sbagliato di quasi settecento anni buoni.
«Parlavamo del Lotto» dice, facendomi riemergere da quella antica figuraccia.
«Ah, sì, certo. Allora, il Lotto dette origine a una singolare professione: l'assistito. Su questo personaggio si è scritto

moltissimo e da Matilde Serao a Giuseppe Marotta non c'è che l'imbarazzo della scelta, in quanto a bibliografia. L'assistito è un signore che, giovandosi di corrispondenti nel mondo dell'aldilà, quasi come un direttore di un giornale in collegamento con gli inviati, e in particolare nel Purgatorio, riesce a sapere con un certo anticipo i numeri della prossima estrazione. Gli esperti dicono che per ogni milione di abitanti ci sono almeno settantadue assistiti. La storia del Lotto è piena di nomi e fatti surreali.»

«Sono curiosa di conoscerli.»

«A Santa Lucia, dove ho vissuto da piccolo, c'era un vecchio ciabattino, don Armando, che sapeva vita, morte e miracoli di tutti i più celebri assistiti napoletani: *Buttiglione, 'o Servitore, Cagli Cagli, 'o Monaco sapunaro* e *'o Monaco 'e San Marco.* Protagonisti di storie misteriose e ambigue, piene di anime dannate e particolari piccanti. Come i dispetti di un terribile *munaciello* che era solito svegliare le persone di notte e mostrare loro i numeri nel riflesso dello specchio, pensa che paura. O le gesta, queste poco edificanti, del Monaco di San Marco, che approfittava della sua fama di assistito per avere contatti intimi con le donne del quartiere. Un sedicente prete che indovinava i numeri a seconda delle zone del corpo delle povere popolane. Per esempio, se tastava sedere, coscia e bocca allora il terno era bello che servito: 16, 59 e 80.»

«Ma mi ricordo, l'hai messo nel film. Com'è che lo chiamavi?»

«Il monaco *rattuso,* che da noi sta per maniaco. Comunque, oltre l'assistito c'è il santone, ovvero una figura di illuminato, che invece di dare numeri fornisce i misteri, ovvero delle storielle da decriptare. Per cui, a fianco al vate, trova posto anche l'interprete, come tutti regolarmente prezzolato.»

Ci fermiamo presso le bancarelle che incrociano la strada dei presepi, San Gregorio Armeno.

«E comunque» continuo, «il Lotto è davvero materia da cartolina. Più interessante, per me, è il gioco piccolo, la riffa e la tombola delle *vaiasse.*»

«Sono tutta orecchi.»

«Il gioco piccolo ricalca le regole del Lotto nazionale. Il banco, impersonato dal *tenitore*, in pratica si sostituisce allo Stato, invogliando i clienti a giocare con la promessa di premi più forti e, a garanzia della propria solvibilità, gira con il petto completamente rivestito di banconote. In genere mantiene gli impegni assunti, a eccezione di quando qualche forte vincita di massa non lo costringe alla latitanza per un lungo periodo di tempo.»

«E ci credo, mi sa che rischia la vita.»

Entriamo in un baretto, famoso per il suo caffè che fa resuscitare i morti.

«Invece la riffa è diversa, forse il più tenero tra questi azzardi. Un gioco povero, rappresenta l'ultima occasione che ha il napoletano inguaiato per risolvere l'atavico problema quotidiano: il pasto. Un mestiere semplice, per farlo occorre un *panariello* e una serie di biglietti numerati. Poi, bisogna trovare un pollivendolo o un vinaio, abbastanza amico perché conceda a credito, per un'oretta, una gallina viva o un paio di bottiglie di Catalanesca, mettere il tutto in una carrozzina per bambini e girare i vicoli per *arriffare*. L'*arriffatore* vende i biglietti per cifre modeste, magnifica il montepremi e giura, fin dall'inizio, che quelli sono gli ultimi tagliandi rimasti. Una volta che ha finito davvero l'intera serie si porta al centro del vicolo e annuncia al popolo che sta per avere inizio l'estrazione. Questa segue un preciso rituale: l'*arriffatore* alza la mano al cielo, invocandolo a garanzia dell'onestà, e grida: "*'A mana è libbera*", tenendola debitamente aperta. Una sorta di squillo di tromba inaugurale, va'. Estratto il numero vincente e consegnato il premio, si sposta di un paio di vicoli e organizza un'altra riffa. Ma sia il gioco piccolo sia la riffa in strada sono ormai scomparsi, solo le botteghe e i bar continuano a praticarli, in corrispondenza delle festività.»

«Peccato, mi sarebbe piaciuto parteciparvi.»

«Quello che invece prosegue, e che mi diverte anche per i tratti di trasgressività, è la tombola delle *vaiasse*. Ma se non si è conosciuti nell'ambiente è un'esperienza difficile da fare. Le *tombolelle* hanno luogo in orari notturni, e pur ottenendo l'invito restano due problemi: primo, capire dove si svolge, secondo, raggiungere una zona poco raccomandabile di notte. I frequentatori sono in genere *vaiasse*, ovvero donne del popolo dai modi piuttosto diretti, e *femminielli*.»

«Vuoi dire i gay.»

«*Nenné*, a Napoli gli omosessuali si dividono in due grandi categorie: i *ricchioni* e i *femminielli*. I primi sono persone uguali in tutto agli altri uomini, salvo il fatto che nelle relazioni amorose preferiscono il proprio stesso sesso, mentre i *femminielli* sono da considerare donne vere e proprie, spesso anche belle, che solo l'anagrafe continua a classificare come maschi.»

«Dei trans, ho capito.»

«Qualcosa in più. In merito la cultura napoletana può dare lezioni di tolleranza a qualunque altra: i *femminielli* sono amati, vezzeggiati, e vengono considerate persone portafortuna. Perciò sono i protagonisti delle tombole notturne, che restano uno spettacolo tutto da vedere: ogni partecipante ha davanti a sé alcune cartelle e dei cocci di terracotta, o bucce di mandarino, per segnare gli estratti. La "chiamata" viene fatta a turno dalle giocatrici e ognuna si impegna a colorire il gioco gridando ad alta voce i significati dei numeri dalla smorfia. La chiamata per immagini e non per numeri consente alle giocatrici più fantasiose di costruire all'impronta un racconto fantastico sulla base dei numeri usciti. E, chiaramente, l'abilità maggiore si manifesta all'uscita dei numeri "sporchi", dal senso ambiguo, allusivi di attributi sessuali. Una lezione di eufemismi e circonlocuzioni: il 29, che rappresenta l'organo maschile, viene indicato con *'o pate d'e criature*, e il 6, omologo femminile, *chella ca guarda 'nterra*.»

«Ma perché in questa città è tutto così speciale? Mi piacerebbe tanto partecipare a una tombolata dei *femminielli*.»

«Facciamo così, se torni a Napoli per Natale ci andiamo insieme. Per me, invece, tutte le città hanno le loro specialità. Forse noi siamo un po' più bravi a raccontarle, a magnificarle. Ci sappiamo vendere, insomma.»

O ANIME DEL PURGATORIO

Forse non tutti lo sanno, ma Napoli può essere considerata una città speculare. Esistono due città nella stessa città. Avete capito bene, non è uno scioglilingua. C'è una città che vive alla luce del sole, in balìa del traffico, dei mercati rionali e delle grida dei *'uagliuncielli* che giocano a pallone; e poi c'è un'altra città, più silenziosa, che si insinua tra le cavità sotterranee dove sopravvive una realtà contesa tra il mistico e il misterioso.

Proprio in una di queste cavità sorge quello che noi napoletani chiamiamo "'O campusant' d'e Funtanelle", ovvero il Cimitero delle Fontanelle, che è situato in alcune grotte tra i rioni Sanità e Vergine. Nel 1656 questa cavità fu utilizzata come fossa comune per le vittime dell'epidemia di peste; cosa che accadde anche nel 1834, a causa dello scoppio di un'epidemia di colera che costò la vita a moltissime persone. A quei tempi essere seppelliti in una tomba vera e propria era un lusso riservato a pochi; tumulare i propri cari aveva un costo elevatissimo, per non parlare del placet che era necessario ricevere da un prelato. Insomma, per capirci meglio, già allora, anche dopo morti, era necessaria una raccomandazione.

Quando i napoletani si trovarono di fronte all'esigenza di sistemare un numero così elevato di cadaveri, pensarono che l'unica soluzione possibile fosse rappresentata dal sistemarli nelle cavità del sottosuolo che percorrevano buona parte della città. Da questa esigenza nacque il Cimitero delle Fontanelle. Per poter accedervi è necessario raggiungere la chiesa di Maria Santissima del Carmine, situata in via Fontanelle per l'appunto, e oltrepassare una piccola porticina alle spalle dell'altare. Sebbene da ragazzini io e i miei amici fossimo abituati a frequentare quelle cave che, durante i bombardamenti americani, si trasformavano in sicuri e accoglienti campi da calcetto, non posso negare che la prima volta che ho visitato questo luogo ne sono rimasto molto suggestionato.

Il cimitero è composto da grotte altissime di forma trapezoidale, suddivise in tre navate: la navata di sinistra è detta dei *prievete*, ovvero dei preti, quella di destra dei *pezzentielli*, ovvero dei poverelli, e quella centrale degli *appestate*, riferendosi ai morti per colera. In queste navate oggi riposano accatastate in un perfetto ordine montagne di crani, tibie, scapole e ossa di ogni dimensione; un tempo, quando ancora non era stata data una sistemata, non era difficile trovare delle ossa ammucchiate al suolo, circondate da lumini, e vedere donne inginocchiate sulla terra umida completamente assorbite da silenziose preghiere. Questa usanza, infatti, è nata un giorno in cui le donne del quartiere, non avendo una tomba su cui piangere i propri cari, che probabilmente erano stati seppelliti in questa fossa comune, decisero di adottare parte di queste ossa abbandonate a se stesse, pregando affinché le anime che un tempo erano appartenute a quel corpo potessero veder ridotto il tempo da trascorrere in Purgatorio.

Ora, detto tra noi, mi sono sempre chiesto perché ci sia questa tendenza a voler scappare dal Purgatorio il prima possibile; io, se potessi scegliere, piuttosto che passare l'eternità a bruciare tra le fiamme dell'Inferno o in compagnia di un qualche santo del Paradiso intento a raccontarmi in ogni singolo dettaglio il proprio martirio, di sicuro preferirei trascorrere il più tempo possibile in Purgatorio. Ma a parte queste mie personali propensioni, le credenze religiose vogliono che questo passaggio rappresenti un supplizio, pertanto non posso fare a meno di piegarmi alla devozione comune.

Ritornando a noi... Alcune donne tentavano di ricostruire come meglio potevano gli scheletri per intero, pertanto non era difficile ritrovare un omero al posto di un femore; altre, invece, preferivano adottare solo un teschio, che ripulivano ben benino, riponendolo in un tempietto costruito con altre ossa, che ancora oggi viene chiamato *scarabattola*. Se dobbiamo dirla tutta, l'adozione di queste anime oggi, come in passato, non avviene in maniera del tutto disinteressata. Possiamo affermare, senza alcun timore di ritorsioni divine, che tra le anime del Purgatorio e i napoletani esista un tacito patto di reciproca assistenza. Se da un lato, infatti, il napoletano si impegna a recitare un centinaio di *Requiem aeternam*, dall'altro le anime si disobbligano cercando di accontentare le preghiere di chi le ha prescelte. Adesso voi penserete che una persona che si prende tanto disturbo lo faccia per richiedere una guarigione o, visti i tempi di crisi, per trovare lavoro. Non solo per questo. Molto spesso si decide di rivolgersi alle anime del Purgatorio con la speranza di ottenere in cambio la combinazione vincente dei numeri da giocare al Lotto.

A questo punto vi chiederete anche in quale modo l'anima di un defunto possa comunicare con una persona viva senza rischiare di farle venire un colpo, e renderla, per così dire, collega di eternità. Lo strumento in questione è il sogno. Le anime in pena, infatti, si presentano in sogno richiedendo che sia messa fine ai propri tormenti, e la persona viva si impegna a pregare in favore dell'espiazione dell'anima, non solo fino a quando sarà esaudito il desiderio espresso, ma fino al momento in cui l'anima non potrà lasciare il Purgatorio per dirigersi in Paradiso. Intorno alla vita della Napoli sotterranea sono state tramandate numerosissime leggende: fino ad alcuni anni fa, pare che la camorra, durante le ore notturne, utilizzasse le navate del cimitero come tribunale per i processi più cruenti. Altre cave, invece, venivano usate dai contrabbandieri come magazzino per il deposito delle sigarette. Quello dei contrabbandieri era un problema sentito. Posseggo ancora la foto di un volantino scritto a mano che recitava così:

Il contrabbando a Napoli permette a 50.000 famiglie
di sopravvivere a stento.
Da poco meno di un anno oltre a chiudere i posti
di lavoro, lo Stato e la Finanza hanno dichiarato guerra
al contrabbando.
Ci sparano addosso quando usciamo con i motoscafi blu.
IL CONTRABBANDO NON SI TOCCA!
Fino a quando non ci daranno un altro mezzo per vivere.
Dobbiamo organizzarci ed essere uniti per difendere
il nostro diritto alla vita.
Riunione di tutti i **contrabbandieri** napoletani.
Giovedì 15, alle ore 10, davanti all'Università di Scienze
in via Mezzocannone 16 di fronte al Cinema Astra.*

Che siano dicerie o verità, ciò che più mi affascina del Cimitero delle Fontanelle è quella sua capacità di regalare ancora oggi speranze e sogni: perché, diciamo la verità, tra IMU, TARSU e tasse di varia natura, lo Stato ci dissangua lentamente, ma i sogni sono tra le poche cose sulle quali non siamo costretti a pagare un dazio, per il momento.

* Da *La Napoli di Bellavista*, Arnoldo Mondadori Editore, 1979.

L'amore

«Amore, come stai?» esclama Carla rispondendo a una telefonata. Poi mette la mano sul cellulare e mi sussurra: «Perdonami un attimo, Luciano».

Che strano, penso. Fino a adesso non c'erano state telefonate, nella nostra giornata. Il cellulare non aveva fatto irruzione in mezzo a noi, al nostro conversare, tra i nostri passi. Eppure oggi è un elemento normale, fa parte del nostro armamentario corrente. Chiavi, portafoglio, cellulare, e non sempre in quest'ordine. Chiaramente anch'io ne posseggo uno, anche se un modello vecchio. E non per una forma di snobismo: quelli nuovi, semplicemente, non li so usare. Eppure, quando sono usciti in commercio, sono stato uno dei primi ad averlo, ma non per mia volontà, solo perché mi fu regalato. Adesso, però, mi sembrerebbe un'impresa mettersi a *maniare* uno schermo, sbaglierei di continuo, chiamerei chiunque tranne quelli con cui voglio davvero parlare.

Sia chiaro, non ho preconcetti sull'avvento dei cosiddetti telefonini nel nostro panorama quotidiano: solo, me ne inquieta l'onnipresenza. Perciò mi stupivo che finora non fossimo mai stati interrotti. Che i nostri sguardi fossero rivolti costantemente in avanti, in alto, in basso, o verso l'altro, e mai, come vedo fare da tutti, verso le proprie mani. Che poi non ci sarebbe niente di male a guardarsi intensamente le mani. Magari le dita, le nervature, lo stato delle unghie, non solo i polpastrelli digitanti. Quando si è in due, poi… Vabbè, prima di concludere che sono invecchiato, penso che possa essere pacifico augurarsi di continuare a cercarsi gli occhi. Lo dico così, *zitto zitto.*

«Eccomi, scusa. Era il mio ragazzo» dice.

«Figurati.»

«Pensa, si è un po' ingelosito. L'ho capito dalla voce.»

«Di un vecchio babbione come me?» dico, sorridendo.

«Non so se è geloso proprio di te. Credo mi abbia sentito assorbita da altro.»

«E comunque non c'è niente di meglio: un po' di vecchia, sana gelosia.»

«Credi? Ma tra due persone non dovrebbe prevalere la fiducia?»

«E che c'entra? La fiducia coesiste con il sospetto. Se tra voi c'è il dubbio è segno di buona salute. Diffida della tolleranza illimitata, spesso coincide con la noia. E, ripeto, augurati di avere incertezze sulla persona a cui tieni. Non dire "Ti amerò per tutta la vita", è il peggior augurio che si possa fare. Meglio un possibilista "Fino a quando ti amerò lo farò con tutta me stessa. Ma potrebbe anche finire domani". Questa è onestà sentimentale.»

Camminiamo per Forcella, abbiamo da poco lasciato via Duomo. La zona riceve il nome dal caratteristico bivio a "y", appunto a forcella, che ne caratterizza il centro. Ed è nota, tra i napoletani, per un modo di dire che non ha ancora conosciuto tramonto: "*S'arricorda 'o cippo 'a Furcella*", quando si vuole dire che una cosa è datata. Il ceppo era un gruppo di pietre un tempo parte della cinta muraria greca, poi divenuta, in epoca romana, porta *Furcillensis* o *Herculanensis.* Sta di fatto che è un posto dove camminare è operazione difficilissima per via dell'assenza di sensi codificati: motorini, macchine, autobus procedono ovunque. Una volta tentai di spiegare la fantasiosa viabilità napoletana a una signora americana a cui avevo dato un passaggio. Arrancavo, nel mio inglese incerto, con un "*Naples has… Naples has...". "A lot of main streets"* mi fulminò ridendo. Vero: "Napoli ha solo strade principali". Ineccepibile sintesi ironica, ognuno ha la propria precedenza.

«Guarda, Luciano, c'è un matrimonio» dice Carla.

Nella basilica della Santissima Annunziata si sta consumando un "evento-spettacolo" che a Napoli causa spesso traffico e torcicolli: l'uscita della sposa.

«Tutti vogliono vederla, Carla. Guarda, la città si è fermata. Se riesci a notare la direzione di qualsiasi sguardo femminile di quest'area, noti che è puntualmente diretto sulla vera protagonista della giornata» dico... a me stesso, perché Carla, come ogni donna, sta guardando la sposa.

«Uno sguardo per capire se è bella, se è brutta, se è alta o più bassa del compagno. E poi le occhiate invidiose delle zitelle, gli sguardi curiosi delle passanti, e quelli benedicenti delle mamme. Ma Carlé, mi stai ascoltando?»

«Sì, sì, dici» mentre invece è ipnotizzata dalla coppia sul sagrato.

«A Napoli la sposa è la figura centrale della struttura familiare. Ecco perché la guardano: la stanno investendo del più alto dei titoli. Su di lei convergono le speranze di stabilità della casa, di salute dei figli, di genuinità del ragù. Qualcosa in più delle *Matres capuane,* qualcosa in meno del culto a Gea, la Madre Terra. Qua esiste la forma più raffinata di matriarcato, *nenné*: lo sposarcato.»

«Carina, vero? Mentre lui è un po' buffo, si vede che è impacciato» fa lei, riprendendosi dall'ipnosi.

«Perché è un comprimario. La scena è tutta per la moglie, che lo ha prescelto, a sua insaputa, per una recita da spalla in questa che è la sua giornata. Lei poi farà di tutto per ricambiare, attraverso una vita di amore e oppressione.»

«Se mi sposerò vorrò essere sicura che il mio uomo ne sia convinto.»

«Sì, sì. Tanto, come sosteneva Socrate, o ti sposi o non ti sposi, ti pentirai lo stesso. Poi vedrai. Adesso attenta: tra tutti gli sguardi se ne nota uno particolarmente acceso. Guarda quella ragazza vestita in rosso.»

«Sì, la vedo, non sembra contenta. Pare le stia venendo una paresi facciale.»

«Logico, lei è l'antagonista della sceneggiata cui stiamo assistendo. La controsposa.»

«Cosa?»

Ci accomodiamo su un muretto pieno di scritte inneggianti a Diego Armando Maradona. Sembra di stare al cinema, mancano solo birra e noccioline.

«Da noi esiste un istituto tanto antico quanto sensato, nel luogo dove vige lo sposarcato: la rappresaglia matrimoniale. La donna in rosso che ti ho mostrato ne è la rappresentante. Una controsposa, una sposa alla rovescia. Lei è stata piantata da lui, diciamo tre o quattro anni fa, a causa dell'attuale consorte. Allora la sedotta e abbandonata deve vendicarsi: prepara tutto per mostrare di essere meglio dell'altra, di essersi perfettamente ripresa, per far capire allo sposo cosa ha perso. E procede a una cerimonia identica e contraria a quella della sposa: vestizione, trucco, fotografo con filmino, abito confezionato dallo stesso negozio. Però rosso come la passione, la gelosia e l'amore ferito. Al posto di lacrime e sorrisi, accompagnerà la preparazione con maledizioni e sciagure verso la nuova coppia, con rituali tipo: "*Hann'a murì*", "*L'aggi a fa' schiattà 'n cuorp*", ovvero...»

«A questa non ci arrivo.»

«Ovvero, "Li devo far morire di invidia", in virtù di un'altra azione classica delle dinamiche psicologiche partenopee: la messa *a' coppa*.»

«Una sorta di premiazione, immagino.»

«No, una sorta di dimostrazione di muscoli. Mettere *a' coppa*, mettersi sopra, sta per ostentare superiorità.»

«Ma che c'entra, mica ci si sposa per fare invidia!»

«Questo lo dici tu che sei ragazza colta e di buona famiglia, magari pure di buoni sentimenti. E di questo posso essere testimone: è tutto il giorno che stai a sentire le mie chiacchiere senza protestare. Ascolta, qua siamo in una terra dove ogni cosa è esposta al sole, dove non esiste interno perché dentro fa caldo. Perciò, tutto avviene in funzione dell'altrui considerazione. Il filosofo francese Jean-Luc Nancy dice che il corpo è un teatro.»

«Sì, lo conosco, ho letto alcuni suoi libri.»

«Qui a Napoli impazzirebbe di conferme. Ogni quartiere è un "teatro", gli individui che lo popolano trovano la propria estensione sui balconi, che possono essere considerati da un lato dei palcoscenici pronti a raccontare le storie di chi li abita, dall'altro dei palchi da cui poter osservare lo spettacolo offerto dalla vita di strada. Il vero spettacolo non avviene tra le mura domestiche, ma prende forma non appena si sceglie di affacciare il proprio volto sul mondo esterno.»

«Certo che la figura della controsposa è divertente e triste allo stesso tempo.»

«Eppure hai ragione. Il vero amore nasce da altro.»

Carla ha ormai imparato a capire quando inizio a raccontare qualcosa. Si sistema sul muretto e, seria seria, si mette in ascolto.

«Platone, nel *Simposio,* fa dire a Socrate una verità definitiva sull'amore. Una sera Socrate viene avvistato da Aristodemo il quale nota che il filosofo si è fatto incredibilmente bello e profumato e ha indossato perfino dei sandali, cosa rara per uno come lui. Socrate spiega che si sta dirigendo a casa di Agatone il quale sta dando una festa per celebrare una sua vittoria e Aristodemo lo segue incuriosito. Tuttavia per la strada Socrate rimane indietro a riflettere ed entra in casa solo a metà della festa. Forse si era imbattuto nel suo famoso *dàimon,* chi lo sa.»

«*Dàimon*?»

«Sorvolo sul fatto che tu, studentessa di filosofia quasi giunta all'alloro, non sappia cosa sia il demone che ogni tanto rapiva Socrate e lo portava ad astrarsi, con lo smarrimento dei suoi seguaci. Vabbè, le feste dell'antica Grecia, specie se ospitavano uomini di pensiero, avevano come fulcro della serata il dibattito, che trasformava l'evento in un salotto mondano. Quella sera il padrone di casa stabilisce che l'argomento su cui discutere sarebbe stato l'Amore. Intervengono Fedro, Pausania, Erissimaco, Aristofane, lo stesso Agatone: il meglio dell'intellighenzia dell'epoca. Si spendono su tematiche estetiche, su contorsioni logiche e acrobazie dialettiche. Come al solito, l'ultimo a parlare è il più saggio: Socrate, chiaramente.»

«Immagino li avrà sfiancati di ragionamenti.»

«Tutt'altro. Devi capire che Socrate era una vera e propria spina nel fianco degli interlocutori. Quando tutti parlavano, taceva. Dove c'era silenzio parlava. Un vero cultore del pensiero controcorrente: riempiva i vuoti e, nel suo apparente sottrarsi alle aspettative di chi lo ascoltava, rispondeva alle necessità contingenti. Questo è un altro aspetto della sua saggezza. Comunque, come al solito se ne uscì con un'argomentazione spiazzante. E mentre gli altri si arrampicano sulle virtù del bello e tra le vette del pensiero, lui racconta una favola.»

«Sono tutt'orecchi.»

«Un giorno sull'Olimpo si festeggiava la nascita di Afrodite. Erano presenti tutti gli dèi tranne Penia, la dea della povertà, perché non aveva un abito adatto. Pur non essendo stata invitata per questo motivo, Penia decise di partecipare lo stesso e si appostò dietro la porta del salone delle feste con la speranza che qualche dio le gettasse un avanzo. Ebbene, uno degli dèi, Pòros, l'espediente o, se preferisci, l'arte di arrangiarsi, avendo bevuto troppo nettare, a un certo punto si sentì male e volle uscire all'aperto, ma non appena fu in giardino, in balìa dell'ebbrezza cadde ai piedi di Penia. Come ti ho già detto, Penia era la più povera di tutti gli dèi, Pòros invece era il più furbo. Ora, con chi deve accoppiarsi la povertà se non con l'arte di arrangiarsi? Così Penia decide di cogliere l'occasione, si stende accanto a Pòros e dalla loro unione nasce Eros, ovvero Amore. Socrate nel descrivere Amore evidenzia che non è delicato come pensano molti, ma racchiude in sé le caratteristiche della madre, che lo rendono duro, incline a dormire in strada e circondato dalla miseria, e come il padre è coraggioso e audace, non si perde d'animo e cerca sempre di trovare nuovi escamotage per sopravvivere. Insomma, un tipo che a Napoli oggi definiremmo *scugnizzo*.»

«Quindi Napoli è una città d'amore per antonomasia» afferma Carla, illuminandosi.

«Non so in quanti libri ho sostenuto questa tesi» rispondo io.

«Lo so bene, li ho letti tutti» ribadisce Carla.

«Ma non sai che davanti a noi hai l'espressione plastica di quanto dico.»

«Come al solito mi sorprendi: hai continuamente qualcosa da aggiungere alle mie certezze. Socratico.»

«Non so se lo merito ma è il miglior complimento.»

«Dicevi: qual è la rappresentazione di questa teoria sull'amore?»

«Tu conosci il cognome Esposito? Be', è il cognome classico dei napoletani. Insieme a Rossi è il cognome più diffuso d'Italia. Sai da dove viene? Questa davanti alla quale ci troviamo è la basilica della Santissima Annunziata Maggiore. Guarda tu stessa, a sinistra dell'arco, all'ingresso, è ancora visibile il buco dove venivano introdotti nella ruota gli "esposti", cioè i neonati che le madri abbandonavano, per miseria o perché illegittimi.»

«Ah, perciò tanti "Espositi". Pensa quanti orfani.»

«Ecco, i figli dell'amore e della povertà. Dal Cinquecento esistono registri nei quali si annotavano il giorno e l'ora di ingresso, l'età e i lineamenti del piccolo, e gli eventuali segni distintivi – abiti, biglietti o piccole doti – con i quali era stato consegnato. A volte si trattava di una parte di una moneta o un pezzetto di stoffa, grazie ai quali chi lo lasciava pensava di poterlo riconoscere e riprendere in tempi di miglior fortuna. La ruota fu chiusa con l'Unità d'Italia. Ma siccome l'unificazione non aveva certo debellato la miseria del popolo, ancora per diversi anni i piccoli continuarono a essere esposti, nottetempo, sui gradini della chiesa.»

«Poveri piccoli.»

«Sì, noi siamo sempre stati troppi. Per fortuna, però, abbiamo trovato come arrangiarci e non deve sorprendere che, per amore, ne abbiamo fatto un'arte, anche nel comunicare, perché solo grazie all'aiuto del prossimo siamo in grado di superare le difficoltà. Pensa a cosa accade in ascensore quando sei costretto a salire con un estraneo: avverti un senso di disagio?»

«A dir la verità, sì.»

«Benissimo, quel senso di disagio è una malattia, si chiama *ascensorite*, è mancanza di allenamento nei contatti umani, perché l'amore, ovvero il desiderio di comunicare con gli altri, non prende l'ascensore, va a piedi, come ai tempi di Socrate. Anche se, forse, a Napoli non è proprio così. Qui può succedere di tutto e l'amore può salire anche in ascensore.»

I QUATTRO SESSI

Dato che è un tema tanto gettonato è bene parlarne senza problemi. Mi riferisco all'omosessualità. Credo che la percezione di questo argomento, come altri, sia frutto di un periodo storico e della relativa temperie culturale. Tanto per dire, quando io ero piccolo le offese che andavano per la maggiore erano due: da bambini "spia", da adolescenti "ricchione". Per noi amici era il peggior insulto che si potesse fare: alle medie uno dei miei compagni, tale Rosario, per scherzo toccò l'attributo a un altro ragazzo. Noi di terza, con la crudeltà tipica dei tredicenni, quando uscivamo da scuola lo circondavamo, scandendo in coro la terribile condanna: "Ricchione, ricchione".

Ovviamente crescendo ho cambiato opinione, perché le cose non stanno così. Condivido la teoria di Platone, contenuta nel *Simposio*, secondo la quale i sessi non sono due, come comunemente si crede, ma almeno quattro, e in via di sviluppo: donne, uomini, gay, lesbiche. Platone racconta che in principio gli esseri umani erano tutti doppi: quattro gambe, quattro braccia, quattro occhi, due nasi, due bocche e così via. Platone descrive persino come camminavano, ed è un'immagine curiosa: avete presente dei ragni? Andavano avanti e indietro indistintamente, muovendosi con le quattro zampe. Di conseguenza, disponevano pure di due sessi ciascuno. Da una parte il fallo, dall'altra la vulva, per dirla in modo pulito. A tal proposito, mi piacerebbe inventare un termine che identifichi gli organi genitali senza cadere nella volgarità o nella formalità di un'espressione clinica. Pensateci, non esiste un modo normale di parlare di qualcosa con cui si ha a che fare ogni giorno, e che ha un'importanza, nonché una fama, praticamente ineguagliate. Già per il "fondoschiena" (appunto) è stato fatto un bel passo avanti, essendo ormai accettato l'informale "sedere". Attendo proposte.

E comunque, oltre questi individui bisessuali in senso stretto ne esistevano altri due, completamente maschi e completamente femmine. In comune i tre generi avevano il caratteraccio: presuntuosi, violenti, irrispettosi degli dèi, insomma erano fastidiosi. Un giorno Zeus perse la pazienza per gli atteggiamenti immorali di questi esseri e ordinò ad Apollo di spaccarli a metà.

"Gli faccio vedere io, a questi, se da divisi continuano a fare tanto i superbi. Vai, figlio mio, falli a pezzi!" disse al dio del Sole.

"Ma padre, se li dividiamo finirà che si metteranno in cerca della parte mancante" ragionò Apollo.

"E con questo? Magari capiranno che l'umiltà è la prima virtù, e che li avevo creati perfetti, ma loro non lo hanno meritato."

Quando Zeus parlava, gli altri dèi non potevano che ascoltarlo. Ebbene, i corpi degli uomini vennero divisi in due parti e ciò comportò che fossero condannati all'infelicità. Prima di tutto, non erano ancora abituati a stare su due gambe e procedevano a saltelli; e poi, ognuno sentì l'impellente desiderio di ricongiungersi alla metà che gli era stata appena tolta. Insomma, le metà maschio andavano appresso alle metà femmina, e queste ultime a loro volta cercavano l'omologo maschile. Quelli che provenivano da due sessi uguali, parimenti, cercavano disperatamente la loro parte gemella. Questa ricerca, eterna e infinita, che ancora muove ogni essere umano, è chiamata amore.

Trovo che questa storia rappresenti un altissimo esempio di uguaglianza e potrebbe essere facilmente usata contro chiunque sostenga tesi antiche e intolleranti, di presunte famiglie naturali e gerarchicamente superiori. Come si sa, l'omosessualità era perfettamente normale nell'antica Grecia. Non si può neanche dire che fosse tollerata: si viveva e basta, passava inosservata. L'accusa poteva essere quella di effeminato, al massimo, contro chi si mostrava pavido e poco valoroso nel combattimento, o nelle gare d'atletica. Sappiamo che Socrate, uomo di indubbia moralità, tanto da rispettare le leggi anche quando lo avrebbero condannato a morte, aveva una moglie ufficiale, Santippe, un'amante donna, la giovane Mirto, e vari amanti maschi, Agatone, Pausania e Alcibiade.

Tra gli omosessuali più famosi dell'antichità si ricorda la poetessa Saffo, tanto che l'amore saffico è uno dei sinonimi di lesbismo (da Lesbo, l'isola dove abitava Saffo stessa). Proprio per confermare quanto dicevamo sull'estrema fluidità di tali discorsi, occorre ricordare che questa attribuzione così fissa, Saffo amante delle donne, è piuttosto forzata. Saffo, che era sposata a un uomo, ricco possidente dell'isola, creò un *tiaso,* ovvero un club per sole donne, ispirato all'ideologia dell'amore. Ma dell'amore in generale, non solo quello di una donna verso un'altra donna. Sulla porta del circolo c'era un'iscrizione.

C'È CHI DICE SIA UN ESERCITO DI CAVALIERI,
C'È CHI DICE SIA UN ESERCITO DI FANTI,
C'È CHI DICE SIA UNA FLOTTA DI NAVI SULLA NERA TERRA
LA COSA PIÙ BELLA,
IO INVECE DICO CHE È CIÒ CHE SI AMA.

Una profondità di sentimento notevole, non c'è che dire. Diversi secoli prima di Cristo e prima tra le donne, Saffo lancia un inno all'amore universale. Nel frammento, come si nota, non viene specificato il genere della persona amata: se l'affetto c'è, fa diventare l'altro la cosa migliore al mondo. Dovete sapere che ogni anno il gay pride passa sotto casa mia. Non è la sola manifestazione alla quale mi capita di assistere, ma sicuramente è la più divertente. Si tratta di una sfilata corretta, tranquilla e perfino allegra, anche se non priva di ostentazioni, ma inoffensive. Si ride, si canta e si scherza ma non di più. Ora, ma vi pare possibile che al giorno d'oggi gli omosessuali debbano ancora manifestare per far valere i propri diritti? Secondo me è roba da non credere, soprattutto se si pensa che più di duemila anni fa questi diritti erano dati per scontato.

Preferire a letto la compagnia di un uomo o di una donna non dovrebbe contare più del preferire a tavola il vino bianco o il vino rosso. Mi si potrebbe chiedere: "E chi è astemio?". Chi è astemio potrà sempre farsi prete.

La comunicazione

«Luciano, dopo tutti questi accenni mi piacerebbe sentire il dialetto autentico. Vorrei sentirti parlare in napoletano con i napoletani» chiede Carla.

«Ho in mente il posto giusto.»

E il posto giusto è a Mergellina, zona Torretta. Dato che ci troviamo dall'altra parte della città, verso la stazione, conviene riprendere la metropolitana, la linea vecchia.

Scendiamo nei piani sotterranei e si conferma quanto dicevo sulla mania digitante delle persone. Fino a qualche anno fa le attese in metro erano l'occasione per sfogliare un giornale, leggere un libro. Oppure, per guardare la gente e pensare. Ora ci sono migliaia di teste abbassate su telefoni, schermi e apparecchi vari. Non è curiosa questa ossessione di collegamento con altrove? Che poi, se davvero ci si trovasse altrove, non si farebbe altro che mettersi in connessione con un posto diverso, magari proprio con quello in cui ci troviamo ora. Possibile che l'*hic et nunc* non soddisfi più?

Mi troverei a disagio, adesso, nei panni di un giovane. Immaginate un poco a uscire con una ragazza che mentre state al ristorante, o davanti al panorama, non fa altro che guardare il cellulare o il tablet, come si chiamano quelle specie di cornici tanto in voga. Io che cerco di rompere il ghiaccio e quella chatta con le amiche. Oppure, mentre le sussurro paroline d'amore lei sente musica da un *pirulicchio* bianco. La circostanza può prestarsi a equivoci.

Ricordo una volta che andai a trovare mia zia. Lei stava seguendo, su canali locali, una telenovela sudamericana di serie Z, qualcosa dal nome struggente come *Fuente de Piedra*. Mi accomodai sulla poltrona per fare conversazione, mentre lei non staccava gli occhi dallo schermo.

"Allora, zietta, che mi racconti?"

"Bene, bene. Ti dispiace se mentre parliamo continuo a guardare il romanzo? Siamo a un punto cruciale." Come molte persone di vecchia generazione chiamava romanzo la soap opera.

"Certo." La conversazione languiva. Cercai argomenti diversi. "E Flora come sta?" chiesi, riferendomi a sua figlia, mia cugina.

"Lei è nata da uno stupro, capito?" rispose con aria serissima.

"Cosa?" Mi si paralizzò il cuore. E che è, certe rivelazioni si fanno così, davanti a *Fuente de Piedra*? "Ma davvero fai?"

"Ma sì, tutta colpa di quel prete. L'avevo detto che gli piacevano assai le femmine. Altro che uomo di chiesa!"

"Zia, mi spieghi cosa significa questa storia?" Ero preoccupatissimo, quella che doveva essere una tranquilla chiacchierata con l'anziana parente si stava trasformando in un caso da cronaca nera, con violenze sessuali e coinvolgimento di prelati.

"E certo, anche quando era in confessione me ne ero accorta. Certi sguardi, certe domande morbose. Tra l'altro, successe in sagrestia."

O zia era andata fuori di testa o dovevo intervenire. Ma aveva sempre goduto di una lucidità perfetta. Pensai se non fosse il caso di chiamare Flora, a quel punto.

"Mi spieghi bene? Dammi dettagli" dissi, alzandomi.

"Allora: Carlos, che è il padre putativo di Esmeralda, sta rivelando alla ragazza le circostanze della sua nascita. Vent'anni fa, nell'episcopato di La Paz..." Insomma, quella fissata aveva confuso la soap con la vita e io ero morto di paura.

Un'altra distorsione, questa un po' più recente, la creano le cuffiette nelle orecchie. Un rinchiudersi nella propria monade escludendo l'esterno. Ma in passato non era così. Si prestava attenzione ai discorsi della gente, pure per farsi i fatti degli altri. D'improvviso sono diventati poco interessanti, quelli attorno. Meglio gli altri altrove. Ecco, preferire l'altrove alla prossimità presenta grossi handicap di praticità. Mettete che su un treno si presenti un ladro ed esclami "Questa è una rapina!", ebbene, chi lo ascolta forse si spaventerà un poco, ma avrà l'opportunità di rendersi conto di quello che succede, di prendere le contromisure. Invece ora il mariuolo è costretto a sparare direttamente, per farsi ascoltare. Come dire: un poco di attenzione, prego. Posate *'sti cusarielli* e statemi a sentire.

E poi, i giovani con le cuffiette e con la testa negli schermi, sarà un caso, ma a me sembrano tutti tristi. O hanno interlocutori pallosi o la musica che ascoltano è una litania insopportabile. Oppure, ancora, la materia con cui sono costruiti i marchingegni emana radiazioni di sconforto.

"Attenzione. Allontanarsi dalla linea gialla" ripete la voce registrata negli altoparlanti.

Quasi come se mi avesse letto nel pensiero, Carla mi si fa vicino.

«Stai pensando ancora alla storia della linea gialla?»

«Sì. Mi chiedevo se non fosse in realtà un monito.»

«Certo che lo è: chiede di stare attenti perché sporgendosi ci si potrebbe far male.»

«Esatto. Ma per me non si riferisce solo all'incolumità fisica. È un monito all'umanità a non superare il limite, a non sfidare la sorte, rischiando di andare incontro a un destino sfavorevole. Ricordi il mito di Icaro?»

«Di Icaro ricordo che doveva fuggire col padre dal palazzo di Minosse. Ma perché erano stati rinchiusi?»

«Qua le fonti discordano: Apollodoro sostiene che l'architetto Dedalo, padre di Icaro, fosse ritenuto responsabile della morte del Minotauro, ucciso da Teseo, perché il labirinto da lui progettato non era tutta 'sta gran cosa. Mentre sia Ovidio sia Diodoro Siculo ne danno un'altra versione. Dopo aver ucciso suo nipote Talo, Dedalo si rifugiò a Cnosso, dove visse per molto tempo fino a quando re Minosse seppe che egli aveva aiutato Pasifae ad accoppiarsi con il toro bianco di Posidone, e lo rinchiuse insieme a suo figlio Icaro nel labirinto. Pasifae, forse per riconoscenza, li liberò entrambi. Fuggire da Creta, però, non era così facile, per questo Dedalo costruì un paio di ali per se stesso e un altro per Icaro e le saldò ai loro corpi con della cera, e raccomandò a Icaro di stare attento e di non volare troppo in alto perché il sole avrebbe potuto sciogliere la cera. Icaro, però, disobbedì agli ordini del padre e cominciò a volare verso il sole, inebriato dalla velocità che le grandi ali imprimevano al suo corpo, ma il sole sciolse la cera e il ragazzo precipitò in mare, annegandovi. Dedalo si accorse troppo tardi di quanto era accaduto al figlio. Volò a lungo sul punto in cui galleggiavano le piume fino a quando il corpo del figlio riemerse e poté seppellirlo in un'isola vicina, chiamata ora Icaria.»

«Certo che sentirti parlare di mitologia è sempre un piacere.»

«Mi sono lasciato andare nel racconto, però quello che volevo dire è: siamo sicuri che non stiamo volando un po' troppo? Se esageriamo, continuando a sfidare gli equilibri della natura e del buonsenso, non rischiamo di bruciarci?»

Carla mi mette una mano sotto al braccio e mi sorride, mentre ci accomodiamo sulla carrozza (si dirà ancora carrozza?).

«Luciano, tu ci stai sui social network?»

«Prima di risponderti, mi spieghi cosa significa precisamente questo termine?»

«Diciamo che sono delle reti sociali che attraverso internet consentono alle persone di comunicare. È solo un modo per mantenere vivi i rapporti già esistenti, o provare a fare nuove conoscenze.»

«Fino a ora non ci trovo nulla di trascendentale. Eppure sento che tutti ne parlano.»

«Io non sono né una fanatica né un'entusiasta dei social.

Però riconosco che hanno una certa comodità: per mantenere relazioni a distanza, per esempio. O recuperare vecchie amicizie.»

«Sono un po' scettico su entrambi. Sui rapporti a distanza, non so come si possa fare a non desiderare di vedere da vicino una persona. Se è lontana vuol dire che non c'erano le condizioni sufficienti per averla accanto, condizioni di qualsiasi genere. Che poi, se proprio questa persona è via per lavoro, c'è sempre il telefono. Che bisogno si ha di sentirla su internet?»

«E i vecchi amici? Ho ritrovato molti compagni di scuola, con i social.»

«Immagino che qualcuno ti abbia detto che, se li avevi persi di vista, un motivo doveva pur esserci.»

«Va bene, questo riguarda i rapporti già esistenti. Ma i nuovi?»

«Io credo che una vita piena offra già così tante occasioni, o obblighi, di incontro che più che moltiplicare le amicizie andrebbero diminuite. O almeno calmierate. Che interesse si ha ad avere tutti questi amici? Abbiamo un cuore e una memoria troppo piccoli per contenere molti affetti e contatti. Tu quanti amici veri avrai? Sei, sette. E non c'è bisogno di alcuna tecnologia per vederli e interessarsi a loro. Se invece ci si riferisce alle relazioni meno personali, la legge di Dunbar arriva a sostegno della mia tesi.»

«Forza, sono curiosa di sentire questo Dumbo su cosa ha legiferato.»

«Prima di tutto si chiama Dunbar. E poi, stiamo attenti alla fermata.»

Quella dove dobbiamo scendere deve ancora arrivare ma non voglio distrarmi. Una volta, per parlare, sono finito a Torregaveta, ero in Cumana. Stavo con una ragazza ed era l'ultima corsa: dovemmo pregare degli amici di venirci a prendere. E quella che era nata come una romantica passeggiata sul lungomare di Pozzuoli si risolse in un'attesa lunghissima al freddo. Da allora sono abbastanza terrorizzato di sbagliare fermata.

«Robin Dunbar era un antropologo inglese che, studiando la dimensione della neocorteccia, ossia la sede delle funzioni di apprendimento, linguaggio e memoria, stabilì un numero di massima di relazioni sociali stabili. Legàmi nei quali ogni individuo conosce l'identità di ciascuna persona e vi si relaziona abitualmente.»

«E questo numero a quanto ammonterebbe?» dice Carla con aria piuttosto scettica.

«Centocinquanta, amico più amico meno.»

«Ma che sciocchezza! Ma se io solo, e ripeto non sono fissata, ho più di cinquecento contatti in ogni social media.»

«E di quanti sei sicura di conoscere con attendibilità la storia? E con quanti hai rapporti continui? Secondo me non superi il centinaio, alla tua età.»

Vedo Carla che conta con le dita e gli occhi all'insù, all'improvviso vogliosa di dimostrarmi che mi sto sbagliando. In quella posizione somiglia a Carlo Verdone di *Un sacco bello.*

«Vabbè, poi li conto e ti faccio sapere. E con questo vorresti dimostrarmi l'inutilità dei network, di internet, magari delle tecnologie di comunicazione?»

«Per carità, io sono un ingegnere. Sono un convinto sostenitore del progresso. Oddio, forse lo ero più da giovane, quando l'informatica era ancora sconosciuta ai più. In questo mi sento un po' snob: quando era roba per pochi mi divertiva esserne un divulgatore. Ora che è a portata di chiunque mi annoia. Riconosco l'utilità di tutte queste belle cose che dici ma non la portata rivoluzionaria. Per me l'uomo inventa solo prolunghe. Il telefono è la prolunga dell'orecchio, la televisione dell'occhio, l'auto delle gambe.»

«E internet? Di cosa è prolunga, internet?» mi chiede con aria provocatoria.

«Mi verrebbe da dire della voglia di farsi gli affari degli altri, caratteristica umanissima, tra l'altro. Internet è un sistema utile per accorciare i tempi, e documentarsi rimanendo comodamente a casa propria, e non solo. Ma nella vita ho trovato davvero incredibili, al limite dell'assurdità, altre invenzioni.»

«Tipo?»

«Tipo la televisione, o il telefono. Ma dài, incanalare miliardi di dati e suoni, trasformarli in codici, farli passare in fili o cellule che poi provvedono a riconvertirli in dati e suoni utili a fruitori che si trovano a migliaia di chilometri di distanza! E a velocità supersoniche! Ma una volta che hai creato la tv, la radio e i telefoni, internet viene da sé, praticamente.»

«Sì, ma internet sta cambiando il mondo.»

«Non più di quanto abbiano fatto gli altri mezzi di comunicazione, credimi. Anche quando si diffuse la televisione eravamo tutti sconvolti e si diceva in giro che stava trasformando la cultura. Quando uscirono i computer, poi, c'era questa frase fatta: "Nel futuro si farà la spesa con il computer".»

«Intanto qua, per chi non ha conoscenze informatiche, le chance si restringono.»

«Tu dici? Eppure, per me chi manterrà un po' di sana diffidenza verso questa ondata tecnologica si ritroverà con una risorsa e non necessariamente con un deficit.»

«Fammi un esempio.»

«Non mi riferisco a scenari apocalittici dove, in caso di mancanza di energia elettrica, chi ha mantenuto conoscenze manuali se la caverà. No, mettiamo che la situazione resti la stessa, con una persistenza del progresso. Allora, in un mondo dove chiunque è eternamente connesso c'è un tizio che non ha molta voglia di essere sempre reperibile. Questo tizio ha una moglie ma pure un'amante. Se fosse uno normale sarebbe facilmente scoperto: basterebbero un paio di ore di assenza dal telefono o da internet per fare insospettire la consorte. Mentre, avendo abituato la dolce metà a una reperibilità saltuaria costei non si insospettirà mai.»

«E questa sarebbe la tua motivazione, un alibi per adulteri?» fa lei quasi indignata.

«No, una scusa per chiunque voglia starsene per i fatti propri. Altro che enfatizzarla: qua bisogna difendersi dalla comunicazione.»

I MOCASSINI DEL DOTTOR GANGEMI

In quanto a comunicazione sono convinto che una volta c'era un divario, tra Nord e Sud. Adesso chi sa. Voglio raccontarvi una storia. Ah, premetto: parlerò ancora di portieri di palazzo. Ho una passione, per questo mestiere. In non so quanti miei libri, così come in due film, i portieri la fanno da padrone. Perché? Perché per loro passava la relazione tra la vita interna e quella esterna di una famiglia. Detentori di confidenze e segreti degli inquilini, solutori di mille problemi di vita quotidiana, tesorieri di chiavi e denaro, hanno sempre costituito una figura di snodo, un ruolo essenziale. Addirittura, a Napoli gli stabili venivano valutati in base al prestigio del loro custode. Sennò perché san Pietro, il santo più importante nella hit parade divina, è stato messo nientedimeno che alla portineria del Paradiso?

Quando mi trasferii a Milano avevo come vicino di casa un distinto signore, il dottor Gangemi. Lavorava in una società di assicurazioni. Lo incontravo praticamente ogni sera in ascensore, avevamo gli stessi orari. Saluti cordiali, frasi di rito, "Come sta?", "Bene, e lei?". Poi la corsa finiva e ci davamo la buonasera. A un certo punto Gangemi sparì, non lo incontravo più né in ascensore né altrove. In capo a un mese, pensando che fosse malato o avesse qualche problema, chiesi al portiere cosa gli fosse successo. Non avevo fatto i conti col fatto che il custode fosse un brianzolo, nato a Cantù. Tanto per anticiparvi il senso della storia, non ricordo neanche come si chiamava.

«Il dottore è morto» dice quello senza aggiungere altro.

«Come, è morto?» chiedo, stupito.

«Un infarto» risponde lui, sempre avaro di particolari.

«E quando è successo?» continuo.

«Un mese fa.»

«E com'è che non me ne sono accorto?»

«Successo durante il weekend» fa lui, senza nemmeno metterci il verbo essere, nella tipica spartanità settentrionale, e riprendendo a leggere il giornale. Neanche un sorriso amaro di compassione, una frase di circostanza. Insomma, il dottor Gangemi era morto senza farmelo sapere e il portinaio, da parte sua, non si era sentito in obbligo di avvisarmi. Immaginai subito la stessa scena a Napoli.

Un portiere napoletano tipo, anche timido, mi avrebbe atteso il giorno dopo, fermo come una statua davanti al portone, già dalle prime luci dell'alba. Se non altro, per avere la sicurezza di essere il primo a darmi la notizia.

«Ingegné, avete visto cosa è successo?» avrebbe detto.

«No, Pasquale, che è stato?» avrei detto, intuendo dalla mimica, e dalla domanda idiomatica, il riferimento a una sciagura.

«Ma come, non sapete niente?» Lui avrebbe preso tempo per aumentare la suspense e godersi la mia curiosità, a quel punto morbosa.

«No» avrei detto, cadendo nel suo tranello, «sto tornando ora da Roma.»

«Il dottor Gangemi...» avrebbe giusto accennato, senza aggiungere altro, sopraffatto dalla commozione. Poi, avrebbe allargato le braccia, dondolando il capo sconsolato, e il senso avrei dovuto capirlo da solo, anche perché lui la parola "morto" non l'avrebbe mai pronunciata, se non altro per rispetto.

«Una disgrazia?» avrei chiesto, ormai sicuro dell'accaduto.

Abbassamento di palpebre.

«Insomma, se n'è andato.»

Nuovo abbassamento di palpebre.

«E come è successo?» avrei domandato subito, avido di particolari.

«Un infarto.»

«Un infarto?»

«All'improvviso, ingegné. Si stava allacciando le scarpe quando è caduto faccia a terra in camera da letto. La moglie ha chiamato l'ambulanza ma ormai era troppo tardi. Pure il padre, pace all'anima sua, è morto così.»

«Allacciandosi le scarpe?»

«Proprio così. Tanto che ho pensato: ma questi Gangemi perché non si comprano i mocassini?»

«Ma che tragedia.»

«Una famiglia distrutta. Che poi, *puveriello*, che teneva? Un poco più di sessant'anni. Tra non molto sarebbe andato in pensione. Niente, non ha fatto in tempo a godersela. Dovreste vedere la moglie, sta disperata. E i figli? Vogliamo parlare di quei poveri ragazzi? Tra l'altro, il dottore gli ha lasciato una proprietà a Frattamaggiore e due quartini ai Camaldoli, però a fitto bloccato. Che siamo su questa Terra!»

«Che siamo» gli avrei fatto eco io.

Ecco, una scena del genere non so se oggi riuscirei a immaginarmela. Tra l'altro, non voglio dire che quella mentalità fosse migliore: diciamo la verità, tenere un ficcanaso tutti i giorni dentro al palazzo non è proprio una fortuna. Però era un nostro modo di distinguerci, come un lessico familiare. Adesso, se passi davanti a un portiere napoletano sta sicuramente con la testa sopra un telefonino. E pensate quante chiacchiere si perde, quanti momenti campali nella vita del palazzo, quanto poco può stare accorto alle cosiddette "imbasciate", gli avvisi fatti dai condomini agli altri, motivo di laute mance e arrotondamenti per i custodi partenopei fino all'avvento dei messaggini. Insomma, cari ragazzi che vi siete dati alla nobile arte del portierato, vi state perdendo voci, avvenimenti e pure una cosa di soldi.

Il dialetto

Lo straniero che vuole conoscere un buon dialetto napoletano deve trovare un'isola di resistenza, una riserva dove ancora si usa. Ah, voglio essere chiaro: l'annosa questione sulla dignità linguistica del napoletano non mi ha mai coinvolto troppo. Ogni volta che si affronta l'argomento sento dire un sacco di sciocchezze. Da piccoli l'uso del dialetto era severamente proibito dai genitori. Come se fosse un segno di maleducazione, un presagio di cattiva strada. Nondimeno, sta di fatto che la maggior parte dei miei pensieri li formulo in napoletano, o comunque con un accento napoletano. Sì, si può usare l'accento anche per pensare, così come per scrivere. Certe cose o le dici in dialetto o non le dici. Come spiegare a uno di Reggio Emilia, che ne so, il termine *insisto*? Da distinguere dalla prima persona del verbo insistere, sia chiaro. *Insisto* è un aggettivo che vuole indicare, grossomodo, uno furbo e spavaldo. Quello di Reggio Emilia, che probabilmente non ha mai dovuto farsela con gente che non solo vuole raggirarti, ma lo fa pure con orgoglio, come ci arriva? Certe caratteristiche si sviluppano solo in certi contesti, a ben vedere. E comunque, insisto, ma stavolta nel senso del verbo, conserverei la clandestinità del napoletano: a me piace che resti una parlata per pochi, con tratti settari, da iniziati.

Dicevo, chi vuole conoscerlo, questo benedetto dialetto, deve entrare in una riserva, per esempio nelle vecchie botteghe. Il motivo della resistenza lessicale, tra i commercianti, non lo conosco: sta di fatto che quando voglio sentire un bel napoletano di una volta me ne vado da don Gennaro, il barbiere più economico del mondo. Le tariffe sono variabili e questa pratica, l'ho già spiegato in varie occasioni, è di grandissima civiltà e intelligenza. Una volta la definii un atto d'amore del venditore verso il cliente, e lo ribadisco: la variazione tiene conto delle condizioni economiche, l'affetto, persino dello stato d'animo dell'acquirente. Ebbene, da don Gennaro si può pagare da tre a cinque euro, in casi di shampoo impellente. Invece, per la classica *scarusata*, il passaggio di macchinetta sul cranio dei bambini a fini igienico-pratici, la tariffa varia a seconda dell'età.

"Prossima fermata Mergellina" esclama una voce in sottofondo.

«Carla, alzati, è la nostra fermata» dico io.

«Siamo già arrivati?» mi chiede Carla.

«Sì, questa è la bellissima stazione di Mergellina. Non molto tempo fa, quando venivo a Napoli da Roma, ero solito preferire questa tratta ferroviaria. Mi sentivo quasi un turista. D'estate, soprattutto, bastava scendere dal treno e in pochi minuti mi ritrovavo di fronte l'azzurro mare di Napoli, pronto a imbarcarmi per Ischia. Oggi, purtroppo, questo collegamento ferroviario non esiste più, quindi quando torno a Napoli mi ritrovo subito catapultato nel caos della stazione centrale. Non che mi dispiaccia arrivare al centro della città, soprattutto quando ho degli appuntamenti di lavoro, ma vuoi mettere il piacere di superare la linea gialla e trovarsi dopo pochi passi al cospetto della meraviglia di questo golfo...»

«Effettivamente, come darti torto.»

Don Gennaro si trova alla Torretta, contrada popolare della zona di Chiaia. La sua bottega è sede di un variopinto teatrino che va in scena tutti i giorni, a prezzi più che modici. E proprio per questo motivo è possibile trovare gente da tutta la provincia, con casi che arrivano all'extraterritorialità bella e buona: si registrano presenze da Benevento, Avellino, persino da Gaeta. La prima cosa da non fare è scoraggiarsi per la fila: delle quindici persone presenti, al massimo due o tre stanno là per farsi tagliare i capelli. Il resto anima la commedia quotidiana. Il locale è più che spartano, vero "salone" d'antan: due sedie, una specchiera, un cavalluccio per i piccoli, tre poltroncine per gli astanti e un retrobottega. Nessun quadro, né immagine sacra, colora le pareti della bottega, conferendo una laicità davvero *sui generis*, un'iconoclastia illuminista e democratica. Come a dire, potete entrare tutti. Altra caratteristica che avvicina il negozio di don Gennaro al socialismo reale è l'assenza di qualsiasi variante estetica. Il figaro della Torretta conosce e consente un solo taglio, che descrivere è un'impresa, anche perché è quanto di più anonimo possa sortire da un paio di forbici. Ma non si pensi a una volontà di griffare il cranio altrui come una firma da parte di Gennaro: che è persona affabile, mite e possibilista. Gli puoi chiedere: "Don Gennà, oggi me li fate un po' più corti sui lati?". Lui, sorridendo dolcemente, formulerà il sì più convincente del mondo, sigaretta pendula tra le labbra, e farà lo stesso taglio che gli avevate chiesto di evitare.

I personaggi che si incontrano sono una compagnia stabile: Albertino, il giovane di bottega, dall'alto delle sue sessanta primavere, rappresenta il più riuscito caso di superamento dell'handicap: con qualche problema dalla nascita, la pratica del negozio e dei vivaci frequentatori lo ha reso più scaltro di un normodotato, amatissimo e principale artefice di sfottò ai danni degli avventori. Fumatore incallito e scroccatore di "bionde", di cui, nel retro, ha una collezione di circa duemila esemplari. Mai nessuno è riuscito a farsene offrire una: è l'unico momento in cui Albertino finge di essere ancora affetto da una qualche sindrome e mostra di non capire la richiesta. Poi c'è Mariolino, anziano zio di Alberto, ossessionato dalla cucina. Passa la mattinata a riferire a chiunque cosa ha mangiato la sera precedente e cosa mangerà a pranzo, dilungandosi su ricette e ingredienti anche se nessuno lo interpella. Poi, chiederà all'interlocutore la natura dei pasti degli ultimi giorni, e se il malcapitato non cambia discorso, sarà capace di tormentarlo per un paio d'ore con consigli su preparazione e acquisti. Enrico è l'ideologo del salone: uno arrabbiato con la politica, la maleducazione dei giovani, la fortuna degli altri. In virtù di un'istruzione superiore alla media, offre il tema della giornata per poi scatenarsi in una ridda di insulti, anatemi e previsioni nere. Personalmente, trovo la sua rabbia meravigliosa. Anzi, se lo vedo giù di corda non ci metto niente ad aizzarlo.

"Ma che è, Enrì, oggi state contento?" basta chiedergli.

"E che tengo, da essere contento?" risponde, rabbuiandosi. "Ma voi lo sapete che ieri sono stato in autobus e c'era una signora incinta e nessuno, dico nessuno, le ha ceduto il posto?" E via così, tra intemerate e fosche analisi sulla decadenza dei costumi. Gli dà corda, a volte, Gaetano, l'unico contrabbandiere salutista che ho mai conosciuto. Modi da lord inglese, chiacchiera di bon ton e ultime tendenze della moda mentre piazza stecche di sigarette ai diversi clienti di un posto non esattamente in linea con i desiderata dell'Asl. Ma se gli chiedi da accendere ti guarda con disgusto: "Mai fumato in vita mia". Poi c'è Enzuccio, vecchio pugile in pensione, all'epoca sparring partner del celebre Mario Lamagna, campione regionale dei pesi medi. Narratore di aneddoti più o meno leciti su tutta la classe pugilistica campana degli ultimi cinquant'anni. Ancora, zio Carmine, sarto omosessuale mai dichiarato e comunque accettato con la tolleranza tipica dei quartieri poveri, seduto a gambe accavallate – caratteristica che sola confermerebbe deficit di virilità, secondo la vulgata – con modi leziosi rammenda calzini e sciorina pettegolezzi su tutto il quartiere: matrimoni, corna, risse e acquisti di immobili. Come tutti quelli che sanno molti fatti arrotonda con l'attività di sensale, mediando compravendite e suggerendo specializzazioni. Chiude il cast l'unica donna, se così si può chiamare: Assunta, settantenne, ex peripatetica, chioma rosso fuoco da tintura economica e ricordo di dentatura. Suoi cavalli di battaglia i proverbi in dialetto, motivo per cui ho trascinato la povera Carla in questo circolo di pazzi. Da Assunta ho sentito dire: "*Chi piscia fa sei cose: piscia, s'alleggerisce e s'arreposa. 'O piglia 'n mano, 'o scutulea e aropp 'o posa*". Vietata la traduzione. Embè, quando me lo riferì, proprio perché avevo chiesto di andare al bagno, stavo per farmela addosso dalle risate. Assunta è un vero distributore automatico di modi di dire, motti di spirito e frasi idiomatiche partenopee. Carla mi ha chiesto di farle sentire un posto dove si parla il napoletano vero? La bottega di don Gennaro è l'università.

«Buongiorno, Gennà» dico.

«Don Luciano carissimo» risponde il figaro con un mezzo inchino.

«Carlé, sediamoci.» La mia amica si accomoda. In quel momento Enrico, l'arrabbiato cronico, sta inveendo sulla complessa vivibilità locale.

«*Tengo 'na raggia 'n cuollo...*» fa Enrico.

«Ho una rabbia addosso» traduco a Carla, sottovoce.

«*Stammatina me so' pigliat 'nu tuossec mai visto*» incalza l'arrabbiato.

«Qualcosa ha turbato la mia mattinata.» Carla ride: sembro uno di quei traduttori simultanei dei convegni.

«E grazie» continua Enrico, «sono dovuto andare alla posta.»

«*T'a fai cull'ova, 'a trippa*» interviene Assunta.

«Eh?» Carla sgrana gli occhi.

«Vuol dire che ha deciso di affrontare una situazione difficile» le dico.

«A proposito, mi sono fatto una frittata di cipolle deliziosa, ieri sera. Non c'è niente di meglio, con un bicchiere di Gragnano» fa Mario, il gourmet.

«Questo succede perché tu insisti, Enrì, ad andare alla posta al Chiatamone» dice il sarto sensale. «Ti ho sempre detto: vai al corso, là c'è mio cognato.»

«Eh, *'o jamm' a piglià a Agnano,* vostro cognato. *Chill' nun ce sta mai*» fa Assunta.

«Andare a prendere ad Agnano» spiego, «sta a indicare l'irreperibilità di cose o persone. Era la zona più remota di Napoli, un tempo.»

«E comunque, don Carmine, non *sfruculiate la mazzarella 'e san Giuseppe*. Non vedete come sta nervoso?» Assunta raccomanda calma.

«Questa sulla *mazzarella* me la devi proprio decifrare. Anzi, me la segno. Che vuol dire?» mi chiede Carla.

«Gli chiede di non irritarlo. Devi sapere che un tenore, Nicola Grimaldi, credeva di essere in possesso del bastone appartenuto a san Giuseppe, ovvero la cosiddetta *mazzarella*. Si sparse la voce dell'esistenza della reliquia, e tutti con una scusa o con un'altra cercavano di sottrarne un piccolo pezzetto. Da lì, l'invito a non *sfruculiarla*, termine che deriva dal latino *fricare*, ovvero sfregare, strofinare. Ma attenta, non perdiamoci i passaggi.»

«Due ore ci ho messo! Ma come, dico io, due ore buttate. Uno non tiene niente da fare, la mattina, che come si fa la croce si deve fare due ore di fila?» Enrico è davvero livido di rabbia. Ho sempre pensato che un po' se la chiama, un po' ci gode a soffrire tanto.

«Scusate, ma vostra moglie non può andare lei ogni tanto?» chiede Gaetano il contrabbandiere.

A quel punto il sarto, don Carmine, fa un cenno di silenzio a Gaetano. Come se alludesse a qualcosa di irriferibile. Pure Assunta lo guarda con rimprovero.

«*Chist' a vacante sta bbuon carico*» fa la signora.

Carla, che logicamente non comprende, ha però il buon gusto di tacere. Non chiede spiegazioni. Lo farà più tardi, in taxi, sulla dorsale di Posillipo.

«Insomma, con quell'ultima battuta l'Assunta a cosa si riferiva? La vacanza, il carico...» chiede Carla, commettendo il reato grave di mettere un articolo davanti a un nome femminile napoletano, trasformandolo, così, in una chiesa.

«Voleva suggerire all'incauto Gaetano di non infierire sul povero Enrico. Che *a vacante*, ovvero a vuoto, già era bello pieno di problemi. Immagino si riferisse al fatto che fosse tesissimo, dopo la lunga attesa.» Qui faccio una pausa, abbasso la voce e assumo un'aria da cospiratore. «Oppure ha problemi con la moglie, e dato l'alto intervento del sarto immagino di natura extraconiugale. Contenta?»

«No, mi fa pena, povero Enrico.»

«Eh, che ci vuoi fare. *'A femmena è comm' 'o cravone: si è appicciato t'abbrucia, si è stutato te tegne.*»

L'OMICIDIO

A quanto pare è stato commesso un omicidio. Non pensate male, non sono stato io a commetterlo, altrimenti non starei qui a dire che c'è stato. Già immagino i titoli: *Luciano De Crescenzo confessa!* Ma poi, confessa cosa? Io ho difficoltà persino a uccidere le zanzare, figuriamoci una persona. E poi chi lo ha detto che è stata uccisa una persona, io mi riferivo ad altro. Per non parlare del movente: non sussiste! Io la vittima di questo omicidio l'ho sempre amata, a volte ne ho fatto anche la mia coperta di Linus, soprattutto quando mi è capitato di ritrovarmi braccato in qualche salotto di "intellettuali". Comunque, volete sapere chi è stato ucciso? Ne siete sicuri? Reggetevi forte: il dialetto!

Ebbene sì, nemmeno io potevo crederci, ma quando mi sono reso conto di questo efferato omicidio era troppo tardi, ho potuto fare ben poco. Mi sono limitato a onorare la sua memoria ogni volta che potevo: inserendolo nei miei libri, utilizzandolo nel parlato. Insomma, ho usato tutti i mezzi in mio possesso per far sì che l'omicidio commesso non fosse perfetto. Il dialetto ha avuto un ruolo fondamentale nella mia formazione; dimenticare il mio dialetto sarebbe come scordare non solo le mie origini, ma anche quelle della mia famiglia. Il dialetto è parte integrante del *logos*, inteso non solo nella semplice accezione di Linguaggio, ma anche di Ragione, Realtà. Il dialetto, infatti, definisce la realtà di un individuo, ciò che lo rende tale. Insomma, per dirlo con parole più semplici, il dialetto è di sicuro uno degli elementi che mi rende a tutti gli effetti un napoletano.

All'interno di ogni dialetto esistono poi degli ulteriori gerghi, che in alcuni casi possono essere considerati delle vere e proprie lingue oscure. A Napoli, uno di questi gerghi è la *parlesia*. Ecco, la *parlesia*, per chi non lo sapesse, è una specie di slang utilizzato da alcune categorie di persone, come teatranti e musicanti, quando non vogliono far comprendere ciò che stanno dicendo. Per capirci: vi è mai capitato, da bambini, insieme a un ristretto gruppo d'amici, di inventare un linguaggio comprensibile solo ai membri del gruppo in questione? Ebbene, se lo avete fatto, avete creato una vostra personalissima *parlesia*.

La *parlesia*, in quanto tale, non può essere utilizzata nello scambio di comunicazioni quotidiane tra le persone, altrimenti si rischierebbe di dar vita a una vera e propria Babele. Per questo motivo, con il tempo, i dialetti sono stati accantonati e si è preferito lasciare spazio a un linguaggio che fosse comprensibile a tutti. Ricordo ancora quando da bambino vidi una foto di mio padre vestito da soldato. Era stato ritratto durante il periodo della Prima guerra mondiale, e ciò che mi affascinò della foto non fu tanto la divisa, quanto la scritta che portava sul braccio: INTERPRETE. Ora, mio padre non aveva mai manifestato una particolare propensione per le lingue straniere, quindi mi sembrava strano potesse essere un interprete. Pensai che conoscesse il tedesco e che, per chissà quale motivo, avesse voluto tenercelo nascosto. Magari era una spia... In realtà mio padre non conosceva alcuna lingua straniera, e con mio grande rammarico non era nemmeno una spia, ma era un perfetto conoscitore dei dialetti. Il suo compito era interpretare i diversi dialetti quando ufficiali del Nord e ufficiali del Sud si ritrovavano a dover comunicare. Che ne so, se un tenente veneto doveva scambiare delle informazioni con un sergente calabrese, mio padre veniva chiamato in causa e traduceva quanto veniva detto, assicurandosi che i due si comprendessero alla perfezione.

Per lungo tempo mi sono chiesto chi abbia commesso questo omicidio. Un sospettato è di sicuro la televisione, che ha favorito l'alfabetizzazione delle masse, ma allo stesso tempo ha portato alla sparizione di diverse tradizioni, come il sedersi a tavola e chiacchierare. E poi c'è la scuola, anche se qualche anno fa ha tentato di dimostrare la propria innocenza. Ricordo che un ministro dell'Istruzione aveva proposto di inserire il "lessico dialettale" tra le materie da studiare durante il biennio del Liceo classico. Quando appresi la notizia ne fui molto felice, ma poi mi sembra che non se ne sia fatto più niente. Probabilmente, si trattava soltanto dell'ennesima proposta di riforma, che è stata seppellita da numerosi cambi di governo.

Che poi mi dico: il latino è una lingua morta, ma nonostante ciò si continua a studiarla. Questo perché qualcuno ne ha compreso il valore, rendendola immortale. Ora, non ci può essere qualcuno che comprenda l'importanza del dialetto e faccia in modo che lo si possa studiare a scuola?

Se c'è bisogno di un insegnante, mi offro volontario!

Il tempo

«Mamma mia, quanti giri abbiamo fatto. Eppure c'è ancora luce, per fortuna. In questa città sembra che il tempo non passi mai» dice la mia giovane amica.

«Il tempo è una sciocchezza» le dico. Stiamo attraversando il parco Virgiliano. Nisida fa capolino sullo sfondo che si completa con Miseno, Ischia e Procida. Un mare immobile. «Qua sembra che lo scorrere delle stagioni si sia bloccato.»

«In che senso?» dice lei.

«Nel senso che noi gli diamo una connotazione, ma è del tutto arbitraria. Pensa, se riuscissimo a modificare l'inclinazione dell'asse terrestre, che ne so, mettendoci tutti a pendere da un lato, l'estate arriverebbe più in fretta» affermo.

«Magari. Non ce la faccio più: ho bisogno di vacanze e mare» mi rivela, sbuffando.

«Non ti lamentare del tempo. O almeno, non lamentarti mai della tua condizione.»

«Hai ragione, forse dipende dal fatto che stiamo camminando da tanto. Ti dispiace se ci riposiamo un po'?»

«Perché no. Sediamoci sul prato, magari là, vedi? Sotto quell'albero. Si vedono in un sol colpo il golfo di Napoli e quello di Pozzuoli. Saranno pure più grandi e curati, ma non credo che il Bois de Boulogne o Hyde Park possano vantare un panorama del genere.»

«Che meraviglia, hai ragione. Che ne pensi se mangiamo qualcosa? Il mio stomaco inizia a brontolare.»

«Io non ho fame, ma se tu vuoi mangiare qualcosa, fai pure.»

«Ok, allora facciamo così: mentre io mangio, tu mi spieghi cos'è il tempo.» Detto questo, si mette in ascolto, scarta un panino e prende a mangiucchiare.

«Se chiedessi a una persona qualunque di darmi una definizione di passato, presente e futuro, secondo te, cosa mi direbbe?»

«Probabilmente ti risponderebbe: il passato è ciò che è accaduto, il presente è adesso, il futuro è ciò che accadrà domani.»

«Bene. Se rivolgessero a me la stessa domanda, direi che il passato non è più e che il futuro non è ancora. Sul presente, invece, avrei qualche difficoltà a rispondere, perché, se ci pensi bene, il presente è la separazione di due cose che non esistono, quindi, in quanto tale, come fa a esistere? E se il presente non esiste, come può un uomo essere felice?»

«Non so se è la fame o la stanchezza, ma adesso mi stai confondendo» ribatte Carla.

«No, non sentirti confusa, questo concetto è più semplice di quanto pensi, e soprattutto non è mio, ma di un certo sant'Agostino, hai presente?» le chiedo, canzonandola un po'.

«Certo che ho presente» risponde lei offesa, «è stato il maggior esponente della patristica cristiana.»

«Bene, vedo che hai studiato» le dico sorridendo. «Dunque conoscerai anche il suo aforisma più famoso...» proseguo io.

«Al momento non mi viene in mente» ribatte lei con tono rammaricato.

«Uno degli aforismi più famosi di sant'Agostino lo ritroviamo nel libro XI delle *Confessioni*: "Che cosa è il tempo? Se nessuno me lo chiede lo so. Se dovessi spiegarlo a chi me lo chiede non lo so". Per essere felici è necessario saper vivere il presente, ma se il presente non esiste ci troviamo di fronte a un problema, un vero guaio. Quando il presente non c'è, è impossibile essere felici. Molto spesso capita di sentire esclamare frasi del tipo "com'ero felice nel passato, quando avevo vent'anni", anche se poi non è del tutto vero. Questo tempo sant'Agostino lo avrebbe definito "il presente del passato" che corrisponde alla "memoria". Allo stesso modo, è facile vivere proiettandosi nel futuro ponendo diverse aspettative nei "dirò" e nei "farò". Questo tempo, invece, lo avrebbe fatto corrispondere al "presente del futuro", ovvero la "speranza". L'uomo saggio, per essere considerato tale, deve realizzare il presente. Il saggio è colui il quale è colto dalla sete e beve, e mentre beve e sente l'acqua scendere nella gola, pensa: "Com'è bello bere!". Il saggio è chi ha fame, mangia, e mentre mangia dice a se stesso: "Com'è bello mangiare!". Insomma, per dirla alla sant'Agostino, il tempo altro non è se non un'estensione dell'anima.»

«Quindi, stando a ciò che dice sant'Agostino, il prima e il dopo sono due concetti che abbiamo inventato noi, ma che in realtà non esistono.»

«E ti dirò di più: ancor prima di sant'Agostino, lo stesso Aristotele aveva affermato che il tempo non è altro che ciò che misura la distanza che intercorre tra il prima e il dopo, ma se questi due non esistono, allora vuol dire che non esiste nemmeno il tempo.»

«Certo che il tempo è stato argomento di riflessione per moltissimi filosofi» riflette ad alta voce Carla, mentre addenta delicatamente il panino.

«Del resto, come avrebbe potuto non esserlo» proseguo io. «Anche Henri Bergson, filosofo francese vissuto tra la seconda metà dell'Ottocento e la prima metà del Novecento, ha dato una spiegazione del concetto di tempo. Bergson è stato il più grande pensatore francese degli ultimi duecento anni, e questa cosa non l'ho detta io, ma numerosi critici. Pensa che il suo acume gli ha valso anche il Premio Nobel nel 1927. Bergson sosteneva che nel mondo convivono due realtà: la materia e la vita. Le cose inanimate compongono la materia, mentre gli uomini, in quanto esseri viventi, appartengono alla vita. Secondo Bergson l'Universo nasce dal costante conflitto tra materia e vita. Per questo motivo esistono due diversi tipi di tempo: il tempo della materia e il tempo della vita. Mentre il tempo della materia è uguale per tutti, quello della vita invece cambia da persona a persona, e non solo. In alcuni casi può cambiare anche da momento a momento. Il tempo della vita Bergson lo chiama Durata, ed è un tipo di tempo che non può essere misurato con i calendari o dal ticchettio degli orologi. No, questo tempo può essere misurato solo ed esclusivamente con gli stati d'animo. Quindi a seconda degli stati d'animo che si provano, il tempo passa più o meno rapidamente. Ecco, se Bergson fosse vissuto ai tempi in cui ero impiegato all'IBM, di sicuro avrebbe dato ragione all'illuminato parere del custode di uno stabile in cui lavoravo.»

«Cosa c'entra adesso il custode dello stabile in cui lavoravi?»

«Eravamo in via Orazio, una delle strade più belle e panoramiche di Napoli. Unico difetto, l'ascensore: che era "moscio", come dicevamo noi, o "non adeguato alla dinamicità dell'azienda", come sostenevano i dirigenti settentrionali. Sta di fatto che era lento, e ogni giorno c'erano lamentele degli impiegati per le estenuanti attese. Venne subito creata una task force di esperti inviata da Milano, dov'era la direzione generale del comparto italiano dell'azienda. Misero a punto un progetto per un secondo ascensore, da costruire all'esterno dello stabile. Alla fine del primo periodo di studi fu indetta una riunione per valutare i costi dell'operazione e affrontare la questione delle licenze comunali. Furono convocati tutti gli interessati, compreso don Attilio, il custode. L'incontro, dopo alcune ore, non stava producendo esiti positivi: il costo era alto e la trafila dei permessi burocratici lunghissima. Mentre si stava pensando a rimandare le decisioni a un nuovo incontro, in data ancora da stabilirsi, don Attilio chiese la parola.

«Scusate, avrei una proposta da fare» disse, al cospetto di ingegneri e dirigenti.

«Prego» gli fece un po' sbrigativo il capo.

«Perdonate se mi intrometto ma io, al posto vostro, invece di spendere milioni per un secondo ascensore mi comprerei uno specchio: così la gente si guarda, il tempo passa e nessuno se ne accorge.»

La mozione di don Attilio fu accolta e da quel momento nessuno si lamentò più dell'attesa.

«Un'intuizione geniale quella di don Attilio» mi dice sorridendo Carla.

«Don Attilio nella sua semplicità era un uomo saggio» rispondo io, «forse perché più di tutti aveva colto il vero significato del tempo.»

«E quale sarebbe?» mi chiede Carla.

«Tu sei ancora molto giovane e forse non ci hai mai riflettuto, ma la cosa più preziosa che abbiamo è proprio il tempo» rispondo io. «Siamo così presi dalla vita di tutti i giorni, che non ci rendiamo conto che buona parte dei granelli che colmano la clessidra che ci è stata messa a disposizione si consumano spesso in cose superflue, quando invece potremmo investirli in momenti speciali.»

«Proprio come quello che stiamo vivendo adesso» mi dice Carla mentre arrossisce appena appena.

«Esatto, proprio come quello che stiamo vivendo adesso» le dico io. «A volte dimentichiamo che esiste un tempo esterno e un tempo interno. Per questo può capitare che ci siano persone che all'anagrafe abbiano sessant'anni, ma che hanno l'impressione di averne venti. La verità è che non si tratta di un'impressione, queste persone ne hanno veramente venti. Il tempo è un'emozione, e ha una grandezza bidimensionale.»

«In che senso bidimensionale?» mi chiede Carla.

«Nel senso che lo puoi vivere in due direzioni diverse: in lunghezza e in larghezza. Se lo vivi in lunghezza, lasciandoti sopraffare dalla monotonia, dopo sessant'anni avrai sessant'anni. Se invece lo vivi in larghezza, innamorandoti, senza aver timore dei momenti alti e di quelli bassi, magari facendo pure qualche sciocchezza, superando ogni tanto la tua linea gialla, allora dopo sessant'anni avrai solo trent'anni.»

«Quindi, secondo te il tempo è solo una convenzione» dice Carla.

«Esattamente» rispondo io, «serve solo a sapere che ora è. Lo stesso dicasi per il calcolo dei giorni dell'anno. Non so se lo sai, ma papa Gregorio XIII diede incarico a Luigi Lilio, un rinomato matematico e astronomo, di riformare il calendario, nel tentativo di *apparare*, come diremmo a Napoli, ovvero di sistemare alcuni errori che erano stati commessi in passato e che avevano portato a un accumulo di ore in più. Per questo fu inventato l'anno bisestile.»

«Dunque, ritornando al discorso di prima, volendo citare Orazio, per vivere bene è necessario saper cogliere l'attimo?» mi chiede Carla.

«Sai, alla tua età ero un fervido sostenitore del "carpe diem", ovvero dell'*acchiappare* l'attimo.»

«Davvero? E quali attimi hai *acchiappato*?»

«A essere sincero, più che agli attimi, ero interessato ad *acchiappare* le ragazze.»

«E ti pareva!» risponde lei.

LA GENOVESE DI ZIO ALBERTO

Da quando sono single, e lo sono da così tanto che ho perso il conto degli anni trascorsi dalla mia ultima storia d'amore, ho iniziato a trascorrere buona parte del mio tempo in compagnia degli amici. Coltivare le amicizie, infatti, è molto importante, soprattutto quando si vive lontano dai propri cari, ma si è dotati di uno spirito, per così dire, conviviale. Il termine "convivio" deriva dal latino *convivere* il cui significato è "vivere insieme". A me vivere insieme agli altri è sempre piaciuto; sia ben chiaro, non mi riferisco al vivere insieme inteso come "vivere in una casa insieme a qualcuno". Mi ha sempre affascinato il concetto di "convivio" inteso come momento di condivisione, di confronto. Dovete sapere, infatti, che *Convivio* è anche l'altro titolo con cui viene indicato uno dei dialoghi più famosi di Platone: il *Simposio*. Secondo me il *Simposio* è una delle opere più belle che sia mai stata scritta nell'antichità. Simposio, detto alla buona, voleva dire cena, invito a cena. Il simposio aveva delle regole fisse: prima ci si lavava le mani, poi venivano gli schiavi e portavano da mangiare, poi, appena finito di mangiare, ci si lavava le mani un'altra volta. Poi arrivavano di nuovo gli schiavi e portavano via tutto. Ecco, ho sempre invidiato questo momento del simposio, soprattutto al termine delle cene con gli amici che di tanto in tanto organizzavo a casa mia; nel guardare il disordine da cui ero circondato, e che avrei dovuto provvedere a sistemare, mi ritrovavo a pensare che il mio guaio era non avere gli schiavi. Comunque, a parte questo piccolo particolare... Una volta che si era finito di mangiare, arrivava una flautista che si metteva a suonare. Poi, terminata l'esibizione della flautista, tutti quanti si mettevano una coroncina in testa e bevevano il vino. Il vino in genere era annacquato, un po' perché costava caro, e un po' perché bisognava rimanere lucidi per la conversazione. Già, perché lo scopo del simposio era quello: conversare. Si sceglieva un tema fisso, possibilmente di interesse comune, e si parlava.

Se ci penso bene, oltre che per la conversazione, uno dei principali motivi per i quali mi faceva piacere organizzare le cene con gli amici era la cucina. Da quando vivo a Roma, infatti, non sempre ho la possibilità di assaporare piatti della tradizione culinaria napoletana, tranne in occasione di cene in compagnia di amici "emigrati" come me, e che mi deliziano con la loro cucina che farebbe invidia a qualsiasi chef. È inutile dire che la cucina che preferisco è quella della mia amica Marisa Laurito. Ora, se qualcuno mi chiedesse quale piatto tipico napoletano mi piacerebbe mangiare in questo momento, di sicuro non esiterei a rispondere: la *genovese*. Da non confondere con il pesto alla genovese, che è tutta un'altra cosa.

Forse vi starete chiedendo: "Ma com'è possibile, un piatto napoletano che si chiama genovese?". Ebbene sì, avete capito bene, il ragù alla genovese è una squisitezza della nostra tradizione, anche se sulla sua storia esistono diverse scuole di pensiero. Secondo alcuni, prende il nome dall'origine geografica dei cuochi che, in epoca aragonese, gestivano le locande che si trovavano nella zona del porto. Questi cuochi, che a quanto pare provenivano da Genova, erano soliti condire la pasta con un sugo a base di cipolle e carne. Per questo motivo il sugo in questione fu denominato genovese.

Secondo altri, invece, il cuoco che inventò questo piatto era un napoletano DOC. A questo punto, però, due sono le versioni di questa storia: secondo la prima, il cuoco in questione era chiamato "'o genovese" e da questo nomignolo venne fuori anche il nome del piatto. Stando alla seconda versione, invece, questo cuoco lavorava nella zona portuale in una taverna che si trovava nel vicolo dei Genovesi. Io in diverse occasioni ho provato a cercare questo vicolo, ma a quanto pare non esiste più. A parte questo piccolo particolare, la taverna era frequentata perlopiù da marinai di passaggio, che durante le pause sulla terraferma non potevano fare a meno di gustare quel piatto a base di cipolle e avanzi di maiale. In quel periodo, infatti, la carne era un alimento prezioso, e il cuoco, al passaggio del carrettino che la vendeva, era solito comprare gli avanzi che nessuno aveva voluto e che quindi avevano un prezzo più basso. Quindi, il piatto avrebbe preso il nome dalla strada in cui si trovava la taverna.

Mi auguro che i genovesi non si offendano, ma per una motivazione puramente affettiva mi piace pensare che il motivo per il quale la genovese è chiamata così derivi da una di queste due versioni, e che a inventare questo piatto sia stato un napoletano.

Dovete sapere, infatti, che io con la genovese ho un legame particolare, non solo perché è uno dei miei piatti preferiti, ma anche perché quello della sua preparazione era uno dei principali argomenti di discussione tra mio padre e zio Alberto.

Durante la Seconda guerra mondiale, e in particolare nel periodo dei bombardamenti su Napoli, fare la spesa non era un'operazione così semplice, soprattutto se si veniva raggruppati in un campo di concentramento, come accadde alla mia famiglia, che si ritrovò in quello di Cassino. Spesso capitava di andare a dormire senza aver cenato, e non perché si stava seguendo una dieta.

Ecco, probabilmente, e aggiungerei per fortuna, pochi di voi hanno provato realmente cosa significhi "aver fame". Vi assicuro che tentare di addormentarsi con il brontolio del proprio stomaco vuoto in sottofondo non era poi così piacevole. Per questo, una volta a letto, l'immaginazione divagava alla ricerca del ricordo lontano di un sapore impossibile da gustare. Sembrava che il tempo non passasse mai, e nell'attesa che il sonno avesse la meglio sulla fame c'era sempre qualcuno che dava vita ad articolate disquisizioni sul cibo.

Mio padre era un fervente sostenitore della pasta e fagioli, zio Alberto, invece, non avrebbe mangiato nient'altro se non un bel piatto di fusilli alla genovese. Oltre che sulla scelta del piatto, la polemica era solita proseguire sulla modalità di preparazione.

A dare inizio alla querelle era sempre zio Alberto.

"Voi di Santa Lucia non la sapete fare" esordiva.

A quel punto mio padre, punto nell'orgoglio, rispondeva: «*Ma nun dicere fesserie!* Non sapevo che la genovese fosse una specialità di quelli di corso Garibaldi!».

Da questo scambio di battute aveva inizio una dettagliata polemica. Zio Alberto, infatti, sosteneva che la vera genovese doveva essere preparata con *'o gambunciello,* ovvero un pezzo di muscolo non particolarmente pregiato. I napoletani di Santa Lucia, invece, utilizzavano il *lacerto,* ovvero il muscolo di manzo, il cui prezzo non era alla portata di tutti. A questa prima differenza ne seguiva un'altra fondamentale: la cipolla. Secondo zio Alberto la cipolla andava tagliata a fette, perché in questo modo si sposava con la carne, mentre quelli di Santa Lucia erano soliti metterla intera. A seguire, poi, si aggiungevano gli altri ingredienti: il prosciutto, l'olio, il sedano, la carota, annaffiando tutto, di tanto in tanto, con un bicchiere di vino, così da evitare che si *azzeccasse* tutto sul fondo della pentola.

A parte gli ingredienti, ciò che rendeva la genovese speciale era il tempo di cottura.

"E a corso Garibaldi quanto la fate cuocere?" chiedeva mio padre.

"Due ore, due ore e mezzo. Cottura rigorosamente a fuoco lento" ribatteva zio Alberto.

"Che schifezza, praticamente la servite cruda!" rispondeva mio padre.

"Ma quale cruda e cruda, non è mica un ragù, che deve *pippiare*! Il tempo di cottura lo decide la cipolla, a me basta guardarne il colore; non appena si avvicina a quello dell'ambra vuol dire che è cotta."

A questo punto la polemica diventava sempre più accesa: mio padre sosteneva che la genovese dovesse essere color "manto di monaco", per zio Alberto il suo colore era l'ambra. Ne era così convinto da aver comprato una giacchetta usata dello stesso colore, che utilizzava come metro cromatico di cottura. Quando la genovese diventava dello stesso colore della giacchetta, a quel punto zio Alberto spegneva i fornelli.

Quello a cui davano vita mio padre e zio Alberto era una specie di simposio a due voci, che non aveva nulla da invidiare a quello tra i filosofi. A me chi dei due avesse ragione importava ben poco, perché la cosa tragica sapete qual era? Che mentre loro pensavano a quale fosse il tempo di cottura migliore per la genovese, a me invece del sonno veniva ancora più fame.

La città

Ci lasciamo alle spalle i discorsi sul tempo e ci incamminiamo verso capo Posillipo.

«Questa che vedi davanti a te è Posillipo» dico a Carla. «Gli antichi Greci la chiamavano *Pausilypon* che letteralmente significa "pausa dalla sofferenza", infatti era il luogo preferito dagli imperatori romani per la villeggiatura. Ora vedi queste costruzioni, ma in passato c'erano perlopiù aperta campagna, insediamenti agricoli e meravigliose ville. Nel Medioevo, proprio questa zona era divisa in quattro villaggi: Angari, Megaglia, Santo Strato e Spollano, che insieme hanno formato l'attuale Casale di Posillipo, un piccolo quartiere che sembra un paesino a parte. Verso il mare, invece, c'era un piccolo insediamento di marinai, chiamato Mare Planum, oggi Marechiaro, costruito su un antico insediamento romano, intorno alla chiesetta di Santa Maria del Faro del XIII secolo.»

«E invece come si chiama la discesa qui davanti a noi?»

«Questa è la discesa Coroglio, che ci porta in una grotta.»

Giungiamo all'ingresso della grotta di Seiano.

«Davvero suggestiva» esclama Carla quando arriviamo al suo ingresso, «ma dove stiamo andando?»

«È una sorpresa, ma in questo momento ci troviamo nella grotta di Seiano. Devi sapere che questa grotta è stata riaperta una decina di anni fa. La prima volta che l'ho visitata, è stato in compagnia di mia figlia e del mio nipotino Michelangelo. Fu proprio lui a portarmi qui.»

«Deve essere stata una bella emozione per te.»

«Sì, lo è stata, anche perché non eravamo soli. Lo vedi questo punto? Proprio in questo punto una signora ha partorito.»

«Ha partorito davanti a voi?»

«Ovviamente no. Lo so perché è stata proprio la signora a dirmelo. L'abbiamo incontrata durante la nostra visita, e il suo racconto mi è rimasto impresso. Durante la Seconda guerra mondiale, infatti, questa grotta veniva utilizzata come rifugio, e nel corso di un bombardamento, sarà stata la paura o semplicemente era finito il tempo di gestazione, la signora in questione, proprio qui, diede alla luce suo figlio.»

«Solo a te capitano questi incontri. Ma il figlio lo ha chiamato Seiano, come la grotta in cui è nato?»

«Non lo so, ma a voler essere precisi, l'avrebbe dovuto chiamare Cocceio, come l'architetto e ingegnere originario di Cuma, vissuto nel I secolo a.C., che la progettò. Lo sai quanto è lunga?»

«Non ne ho idea...»

«La grotta è lunga 770 metri. E li vedi questi buchi? In queste piccole nicchie venivano infilate le tavole di legno utilizzate dagli schiavi per salire e poter costruire la volta a botte.»

«Insomma, una specie di impalcatura temporanea.»

«Esattamente. Fu abbandonata per secoli, fino a quando, nel 1840, uno scugnizzo del Casale, un certo Michele, la riscoprì e ne segnalò la presenza a re Ferdinando II di Borbone, che la fece restaurare e bonificare trasformandola in una delle mete turistiche preferite dagli artisti del Grand Tour.»

«Incredibile» esclama Carla.

«L'architetto Ambrogio Mendia, a cui fu commissionato il lavoro di restauro, rese più sicura la grotta rinforzandola con dei sottarchi, per questo è possibile vedere elementi tipici dell'architettura romana, come il *reticolatum incertum*, a contrasto con i sottarchi in tufo realizzati milleottocento anni dopo.»

Usciamo dalla grotta e ci ritroviamo sulla stradina che porta al parco archeologico.

«Ecco, Carla, questa è la sorpresa. Che ne dici?»

«Altro che sindrome di Stendhal... credo di non aver mai visto prima un luogo così meraviglioso.»

Il parco archeologico della grotta di Seiano si presenta come uno slargo enorme sul quale si affaccia un anfiteatro romano semicircolare, la cui cavea è divisa in tredici file per un totale di duemila posti.

«Pensa che all'interno dell'anfiteatro c'era una vasca utilizzata per i giochi e per effetti scenografici con l'acqua.»

«Già all'epoca esistevano effetti speciali di questo tipo?»

«E non solo, più avanti vedrai. Questo anfiteatro veniva utilizzato dal padrone di casa per intrattenere i suoi ospiti.»

«Perché, c'era anche un padrone di casa?»

«Sì, vedi quei resti? Appartengono alla villa di Pollione, il padrone di casa. Pensa che il mio nipotino quando li abbiamo visti insieme ha esclamato: "Vedi, nonno, qui viveva un uomo cattivissimo: Publio Vedio Pollione che fa rima con...".»

«Con...?»

«Carlé, un po' di immaginazione! L'ho dovuto anche rimproverare. Tornando a noi, Publio Vedio Pollione, sia chiaro, non era di *Napoli Napoli*, come diremmo noi, ma originario di Benevento. Aveva combattuto per Augusto, e i successi in battaglia lo avevano reso ricco al punto tale da potersi permettere questa dimora, una vera villa imperiale. Cicerone, dopo averlo incontrato, lo definì l'uomo più cattivo che avesse mai conosciuto. Era un uomo vizioso e crudele, che amava allevare murene giganti nelle peschiere della villa.»

«Sicuramente essere nelle grazie di Augusto lo avrà aiutato in questa sua scalata al successo.»

«Sì, fino a quando restò nelle sue grazie. Devi sapere che in occasione di un incontro con l'imperatore, uno degli schiavi di Pollione mandò in frantumi un prezioso calice.

Pollione, adirato, ordinò che lo schiavo fosse gettato subito nelle peschiere della villa, in pasto alle murene. Augusto, che aveva assistito alla scena, ne fu contrariato: salvò lo schiavo e fece distruggere l'intera collezione di preziosi vetri e ceramiche del padrone di casa. Pollione, per rientrare nelle grazie dell'imperatore, gli promise che alla sua morte gli avrebbe lasciato i suoi beni, e in particolare la sua sfarzosa villa che aveva fatto costruire a Roma e la villa imperiale di Posillipo. Alla sua morte, Augusto fece abbattere la villa di Roma e, giustamente, si tenne questa di Posillipo.»

«Mi sa che aveva ragione tuo nipote, Pollione non era decisamente una brava persona» dice Carla. «Invece, questi altri resti cosa sono?»

«Quando Pollione decideva di invitare un gruppo più ristretto di amici, apriva le porte dell'odeon, un teatro di dimensioni più piccole, che ospitava spettacoli di prosa, poesia e musica. La particolarità del teatro, però, erano le pareti profumate.»

«Come profumate?»

«Sì, perché i colori con cui erano state dipinte erano creati con sostanze naturali alle quali venivano aggiunte delle spezie che ne determinavano l'odore.»

«Sarebbe bello poterlo sentire ancora oggi.»

«Ma non finiva qui. Pollione, infatti, possedeva anche una propria discesa a mare, dove c'è la Casa degli Spiriti. A quei tempi questo luogo era utilizzato come ninfeo, che era il tempio per il culto delle ninfe e dove si era soliti praticare anche l'*otium*, ovvero, tutte quelle attività legate al culto dell'ozio. Insomma, la villa imperiale di Pollione si sviluppava in tutte le direzioni, ci sono addirittura dei resti sommersi.»

Ci incamminiamo nuovamente verso la grotta e, dopo averla attraversata, ci dirigiamo verso il belvedere di Coroglio.

Davanti a noi si apre la piana di Bagnoli con l'area industriale dell'ex Italsider. Carla è sbalordita. Forse si aspettava di trovare un parco con lidi e attrazioni turistiche.

«Vedi? Questo è il simbolo delle occasioni perse da Napoli. Appuntamenti mancati con il benessere: primo, fu deciso di impiantare uno dei più grossi distretti industriali d'Europa in un posto tanto bello, rovinandolo. Secondo, dopo che questa fabbrica ha dato lavoro a tanta gente per quasi un secolo è stata smantellata e svenduta. Infine, sono più di vent'anni che non decidono cosa farne, sprecando tempo e denaro. La storia e la natura hanno regalato tanto a questa città; basterebbe raccogliere, ringraziare gentilmente e gestire al meglio i doni ricevuti.»

«Certo che qua c'è tutto per stare bene. Archeologia, clima, mare. Un cibo buonissimo. Com'è, Luciano, che Napoli non vola?»

«Pensa da cosa siamo circondati: tre isole, di cui una considerata la più bella al mondo. Un vulcano, decine di zone archeologiche, laghi, crateri spenti, un golfo meraviglioso e, non lontano, le due costiere, sorrentina e amalfitana. Insomma, quando creò Napoli, Dio disse: "*'Sti 'uaglioni mi sono proprio simpatici, ora gli do tutto quello che posso*". E ci regalò una temperatura calda per la maggior parte dell'anno, giusto un paio di mesi di freddo, e poi aggiunse al pacco dono anche un'agricoltura magnifica, corroborata dall'influsso del mare e della terra solforosa. Eppure sono convinto che è proprio per questo che non riusciamo a organizzarci. D'altra parte, mi considero un riduzionista climatico.»

«Un che?»

«Riduzionista climatico. Significa che nella lettura delle dinamiche di un posto parto dal suo clima. È uno spunto di ragionamento. Perché non si è mai visto un popolo che vive in una terra fredda e che sia poco combattivo o poco organizzato. Il freddo, *nenné*, è la vera radice di ogni buona organizzazione sociale! Max Weber mi darebbe ragione, magari aggiungendoci qualche centinaio di pagine in più.»

«Ma adesso, con gli sconvolgimenti climatici, vedrai che farà fresco anche qua» dice, *sfrocoliandomi*.

«E fosse il cielo! Un po' di neve, ecco cosa ci vorrebbe. Altro che sindaci e masanielli.»

Mentre parliamo le acciaierie si stagliano alla nostra vista. Un monumento all'abbandono.

«Per ogni quartiere bene c'è un rione popolare. I Quartieri Spagnoli confinano con via Roma, la strada delle banche, a Chiaia ci sono i bassi della Torretta, al Vomero quelli del Petraio e perfino a Posillipo una zona popolare come il Casale. Napoli non è sviluppata a cerchi concentrici come altre metropoli, e questo ha favorito lo sviluppo di periferie interne alla città. Non c'è nulla di più cosmopolita della struttura sociale di un quartiere tipo napoletano.»

«Addirittura.»

«Certo. Mettiamo i Quartieri Spagnoli. In un palazzo abitavano i professionisti della borghesia ai piani alti, al primo i nobili e nel basso i popolani. Tre livelli della società in pochi metri. Questo consentiva un dialogo incessante, una dinamica di scambio proficua per tutti. Per me, quando si dice che Napoli ha un'atmosfera particolare, è in virtù della sua promiscuità culturale. Sebbene si stia perdendo, mantenendosi ormai in pochi quartieri del centro.»

Siamo sulla spiaggia di Coroglio. Di fronte a noi la lingua di costa che porta a Nisida. Decidiamo di percorrerla.

«Guarda questo isolotto. Cosa pensi che ci sia sopra?» chiedo.

«Mah, un resort? Mi sembra un posto fantastico.»

«Ma che resort e resort! Che poi non ci sarebbe nulla di male dato che il nome Bagnoli, anticamente *Balneolum*, proviene dalle sue acque termali. No, c'è un penitenziario.»

«Un penitenziario?» chiede Carla sorpresa.

«Sì, non esserne stupita. Un carcere minorile. Mi piace pensare che la bellezza del luogo possa aiutare questi ragazzi in qualche modo. Finora ti ho raccontato una Napoli senza tempo, non volevo né rattristarti né cadere in luoghi comuni. Ma sono un po' arrabbiato, con la mia città. La donna più bella e più impossibile che ho conosciuto.»

Siamo arrivati alla fine del pontile e ci giriamo. Abbiamo davanti la costa di tufo che unisce Coroglio al parco Virgiliano.

«La vedi questa parete? Al suo interno ci sono delle grotte. Secondo uno studioso ellenista, vissuto a cavallo del Novecento, un certo Victor Bérard, questa era la famosa terra dei Ciclopi toccata da Ulisse, e una di queste cavità era la dimora di Polifemo.»

Carla mi prende le mani, mi guarda e sorride.

«Luciano, ti ringrazio davvero per questa giornata. Non essere dispiaciuto per la tua città. Com'è che dicevi nel finale del tuo film? "Ciononostante, in questo mondo del progresso, in questo mondo pieno di missili e di bombe atomiche, io penso che Napoli sia ancora l'ultima speranza che ha l'umanità per sopravvivere." Ogni volta che ti sento pronunciare quella battuta mi commuovo. Anche se non comprendevo bene a cosa ti riferissi. Oggi ho capito che è proprio così: la tua città ha ancora una magia intatta. Guarirà, se proprio deve. Ma pure da malata continuerà a insegnare qualcosa al mondo.»

Che cara ragazza. Visto? Si conferma la mia idea: i ragazzi sono meglio di noi. Educati, attenti, gentili, curiosi e pieni di amore per la cultura. Infatti, si riavvicina e mi riprende le mani.

«E c'è un'ultima cosa che vorrei dirti, prima di avviarci verso la stazione.»

«Prego, dimmi pure.»

«Ma quanto parli?»

Certo che questi giovani d'oggi non hanno proprio rispetto!

L'ULTIMA SPERANZA

C'è stato un momento nella mia vita in cui credevo di poter offrire un contributo alla città. Rivelandone i lati positivi, volevo farne riscoprire le doti. E cosa è successo? Che la maggior parte degli elementi divertenti, di quel sano folklore che la faceva amare, si sono persi. Forse, alcuni difetti invece sono rimasti.

Ripenso anch'io spesso a quella frase, messa alla fine di *Così parlò Bellavista*: "Ciononostante, in questo mondo del progresso, in questo mondo pieno di missili e di bombe atomiche, io penso che Napoli sia ancora l'ultima speranza che ha l'umanità per sopravvivere". Non so nemmeno io bene cosa intendessi, con quell'augurio per Napoli. Mi sembrava un'ottima chiusura, piena di futuro. Eppure, proprio quest'anno, il film ha compiuto trent'anni e cosa è cambiato? La camorra (da scrivere con la «c» minuscola, ricordate) fa sempre più morti, i rifiuti tracimano e la disoccupazione aumenta. Forse solo il traffico è un po' migliorato. A tal proposito, Carla dimentica che quella sulla speranza non è proprio l'ultima frase del film. Infatti, subito dopo aggiungo: "Che traffico!". Io pensavo fosse un modo per sdrammatizzare la retorica precedente e, invece, forse ha portato bene.

A proposito di bombe... Quand'ero ragazzino, durante il periodo della guerra, era all'ordine del giorno darsi alla fuga quando all'improvviso suonava l'allarme che annunciava un attacco aereo. A quel suono, come degli automi, ci dirigevamo verso il rifugio.

Una volta al sicuro, poi, ci si divideva in due gruppi: quelli che volevano ridere e quelli che volevano pregare.

Mia madre, ovviamente, si univa al gruppo della preghiera, composto prevalentemente da donne e dai bambini più piccoli. Mi sembra di sentirle ancora:

Ave, o Maria,
piena di grazia,
il Signore è con Te.

Zio Luigi, invece, era l'animatore dell'altro gruppo e ci deliziava con i suoi racconti: "Dovete sapere che pochi giorni fa è venuto a Napoli un gerarca fascista, uno di quei caporioni che camminano come se avessero ingoiato un bastone. Lui voleva capire fino a che punto i contadini napoletani collaboravano con il regime".

E sullo sfondo:

Santa Maria,
Madre di Dio,
Prega per noi peccatori...

"A ogni contadino, il gerarca chiedeva: 'Che cosa dai da mangiare tu alle galline?'. E quello rispondeva: 'Il granturco'. Al che il gerarca si metteva a urlare: 'Il granturco serve a fare il pane per i nostri soldati, e tu lo dai da mangiare alle galline! Disgraziato!'."

E sullo sfondo:

Ave, o Maria,
piena di grazia,
il Signore è con Te.

"Altra fattoria, stessa domanda. Qualche volta il contadino rispondeva 'il granturco', altre volte 'l'orzo', al che il gerarca urlava: 'L'orzo? L'orzo serve a fare il caffè per i nostri soldati e tu, disgraziato, lo dai da mangiare alle galline!'. A questo punto il responsabile del partito mandò avanti un motociclista ad avvisare tutti i contadini di non dire più 'grano e orzo'. E così è successo che l'ultimo contadino, non sapendo più che dire, alla domanda 'Che cosa dai da mangiare tu alle galline?' abbia risposto: 'O eccellenza, volete sapere 'a verità: io, ogni mattina, alle galline ci do due lire, e loro si comprano quello che vogliono'."

Santa Maria,
Madre di Dio,
Prega per noi peccatori...

Epilogo

Sono di nuovo a casa, a Roma, sempre in cerca di un'idea. Con una differenza: il libro è quasi finito. Dico quasi perché è proprio l'epilogo a mancarmi. Niente, non mi viene nulla di brillante. Il monitor è ancora ronzante. Manca giusto l'ultimo capitolo.

Vabbè, sto qua che mi arrabatto, scrivo, cancello, a volte cancello senza scrivere (capita, vi giuro). Ci vuole il finale brillante. Alcuni scrittori, me compreso, sono fissati con i fuochi d'artificio in coda. E mentre sono preso dal finale, mi arriva una telefonata. Mi alzo e vedo con piacere che è il numero di Carla, la mia giovane amica bolognese. A lei non posso non rispondere. In fondo si tratta della mia ultima musa.

«Luciano, come stai?»

«Benone. E tu?»

«Anche io bene. Ascolta, volevo raccontarti della mia seduta di laurea.»

«Finalmente mi dai qualche notizia. Allora, com'è andata?»

«110.»

«Ma davvero? Complimenti, un esito meraviglioso.»

«Sì, ma senza lode.»

«E che ti importa?»

«Come, che mi importa? E vuoi sapere perché non mi

hanno messo la lode? Dicono che non sei un filosofo, nonostante, te lo riporto quasi testualmente, "l'elaborato delinei con esaustività, in una formula brillante, l'attività poliedrica di una figura piuttosto popolare nella cultura moderna italiana". Capito?»

«Mi sembra lusinghiero, mi considerano moderno.»

«E dài, non hanno capito niente!»

«Io invece dico che dovresti essere fiera di quella lode in meno. All'università ero così felice di prendere un 29, è un voto per pochi. Dice che sei studioso ma non secchione. Però, ti voglio consolare: ho il nuovo libro quasi pronto.»

«Davvero? E di cosa parla?»

«Mi sa che sei l'ultima persona che può chiedermelo: descrive la nostra giornata insieme.»

«Non ci credo!»

«Certo, ho rimaneggiato qualcosa, ci ho ricamato sopra, ma il soggetto è proprio questo.»

«Luciano, ma questo è un regalo! Il miglior regalo di laurea che potessi immaginare. Glielo vorrei andare a dire alla commissione, quando uscirà il libro, a cosa non hanno messo la lode. Non hanno proprio idea dell'esperienza che abbiamo vissuto insieme.»

«Hai visto quante cose siamo riusciti a fare in un solo giorno?»

«Sì, di sicuro Napoli può essere considerata la città per eccellenza dove vivere il tempo in maniera bidimensionale. Ora mi è chiaro perché sei solito dire che sei stato fortunato.»

«Hai ragione, siamo stati molto bravi.»

«Abbiamo superato la linea gialla ed è andata bene!»

«E poi la lode potrai recuperarla alla prossima seduta. Immagino tu voglia iscriverti alla specialistica.»

«Scherzi? Già ho in mente il titolo della tesi: *Un'esperienza di creazione letteraria dal vivo.* Che ne pensi?»

«Dico che perseverare è diabolico. Ma non credo che ti farò cambiare idea.»

«Infatti, non ci riuscirai. Grazie, Luciano, mi hai consolata. Ti abbraccio.»

«Vedrai, Napoli porterà fortuna anche a te.»

Già, tutti felici e contenti, solo che a me manca ancora l'epilogo. Se a qualcuno viene in mente un'idea, col botto o senza, si faccia vivo. Io qua sto.

«Ti porterà fortuna»
di Luciano De Crescenzo
Oscar bestsellers
Mondadori Libri

Questo volume è stato stampato
presso ELCOGRAF S.p.A.
Stabilimento - Cles (TN)
Stampato in Italia. Printed in Italy

S.I.A.E. SOCIETA' ITALIANA DEGLI AUTORI ED EDITORI
SIAE
Aut. AI 60/10/2015

N0007750